玉林师范学院　体育学硕士点建设经费　资助
广西高校"千名中青年骨干教师计划"项目（桂教人〔2018〕18号）
玉林师范学院高层次人才科研启动项目（G2019SK22）

壮族武术研究

王晓晨　著

人民体育出版社

图书在版编目（CIP）数据

壮族武术研究 / 王晓晨著 . -- 北京：人民体育出版社，2021（2024.1 重印）

ISBN 978-7-5009-5892-5

Ⅰ.①壮… Ⅱ.①王… Ⅲ.①壮族—武术—文化研究—中国 Ⅳ.① G852

中国版本图书馆 CIP 数据核字 (2020) 第 215175 号

*

人 民 体 育 出 版 社 出 版 发 行
天津画中画印刷有限公司印刷
新　华　书　店　经　销

*

710×1000　16 开本　11.5 印张　200 千字
2021 年 1 月第 1 版　2024 年 1 月第 3 次印刷

*

ISBN 978-7-5009-5892-5

定价：74.00 元

社址：北京市东城区体育馆路 8 号（天坛公园东门）
电话：67151482（发行部）　　　　邮编：100061
传真：67151483　　　　　　　　　邮购：67118491
网址：www.psphpress.com

（购买本社图书，如遇有缺损页可与邮购部联系）

PREFACE 序

2018年1月10日，国家体育总局、国家民委联合印发的《关于进一步加强少数民族传统体育工作的指导意见》提出："少数民族传统体育是我国体育事业的重要组成部分，是我国宝贵的文化遗产，深受各民族群众的喜爱，在传承发展优秀传统文化，促进各民族交往交流交融，提升各族人民体质健康水平，丰富各族群众精神文化生活等方面都发挥着重要的作用。"壮族武术作为少数民族传统体育的经典一脉，更是集萃了壮民族的文化和气质，在壮族的民族发展过程中发出了绚丽的色彩，至今仍熠熠生辉。然而，横览学界研究成果，关于少数民族武术的研究却为数不多，总体上不成体系，尤其是侧重从史学视角来完整梳理少数民族传统武术的研究更是凤毛麟角。出身武术世家的当代史家马明达先生在其《说剑丛稿》一书中指出："少数民族同汉族人民一道，对创造和发展中国武术作出了贡献。……我们研究武术史时必须充分注意到这一点，并以足够的篇幅来加以论述，否则我们的武术史就不是一个全面完整的武术史，而仅仅是'汉族武术'。"从某种意义上来说，壮族武术研究不仅有着文化保护的基础性目的与意义，而且有丰富完善武术史学之价值，更是首次较为完整地审视了壮族武术。

进一步聚焦到壮族武术的研究，可以说，过去的壮族武术研究是比较零碎的，探讨的层次也还不够深。有所争论，也就在所难免。如今，我们终于看到一本广博而精深的专著，这在壮族武术的研究进程中，不啻为一标志性成果。专著中不仅有翔实的材料，而且论证严谨，首尾圆合，深有功力。其实，晓晨博士作为我的高访学者，我知道他关注壮族武术已经很久了。从2015年广西哲社课题到2016年的教育部西部与边疆项目，再到2020年教育部青年项目等基金项目的立项与支撑，都在助力壮族武术相关研究的推进。正是这样的学术积累，使晓晨博士能在《壮族武术研究》一书中发挥出自己的理解和特色，纵横捭阖，鞭辟入里，有宏观的俯瞰，也有精微的探求，丝丝入扣，言之成理。从书中我们不仅能从整体上看到壮族武术的历史进程、形成的逻辑起点、技术风格的文化阐释、拳舞仪式的文化意涵、典型拳种的图解剖析、口述历史及人类学解读，更能看到壮族武术与民俗的相互促进，以及以壮族武术为代表的少数民族传统体育在当代社会的价值开发，尤其是以壮族武术为例来审视民族传统体育的当代文化适应问题，更是富有深意。难能可贵的是，作者通过对壮族武术这一主线的考证，能让读者探察出隐藏在壮族武术背后的社会概貌。环境、文化、心理、经济的原因和基础都能从壮族武术上得到折射与寻根。以壮族武术为代表的身体文化堪称壮人感情世界里的集体无意识的渊源。

一个民族之所以成为民族，最根本的是在于她形成了自身特有的文化，不同的文化特质就成为区别不同民族的主要标志。壮族是珠江流域的土著居民，其先民因其所处的自然环境和特定的生产方式，在长期的历史发展中，创造了独具特色的物质文明和精神文明，显示出民族文化的个性和地域文化的特征。壮族武术作为壮族民族文化的奇葩，涉及壮族人民的生死存亡和荣辱与共，更是壮族人民价值诉求、审美观念、心理特征等文化面向的直接反映。晓晨博士的这本《壮族武术研究》是基于壮族武术的历史、文化、价值与传承发展现状的反思，其框架是合理的，也达到了研究的目的与预期。文化是民族的血脉，是人民的精神家园。中华民族的伟大复兴决定了中华文化的繁荣兴盛。壮族武术的梳理与研究更有利于增强民族的文化自觉与文化认同，在丰富民族武术文化的同时，也维系了武术文化生态的良性发展。但愿有更多的类似著作问世，则壮族幸甚，岭南幸甚。

晓晨博士为人耿直憨厚，善学覃思，跟我研学的一年时间里能深刻感受到其人格魅力。做学问也诚如其做人，不断地雕刻着自己，砥砺前行，脚踏实地地在学术道路上默默耕耘。通读全书能感受到晓晨博士是在阅读了大量的历史学、民族学、社会学、人类学等学科著作的基础上而起笔的，是有着坚实的研究基础和学术素养的，行文中不时闪烁的真知灼见让人感到惊喜。作为晓晨的高访导师，为其在学术道路上的不懈努力感到欣慰，也为其大作即将付梓感到高兴。希望晓晨博士在未来的学术道路上发展得越来越好。

是为序。

上海体育学院体育历史与文化研究中心主任、博士生导师　郑国华

2020 年 4 月 16 日于上海体育学院

CONTENTS 目 录

绪 论 ·· 001
  第一节 研究目的与意义 ·· 003
  第二节 相关研究的学术史梳理 ······································ 005
  第三节 壮族武术的概念界定 ··· 007
  第四节 研究对象与方法 ·· 008
  第五节 基本结构与研究重难点 ······································ 010
  第六节 创新点与不足之处 ·· 013

第一章 壮族武术文化变迁的历史人类学考察 ············· 015
  第一节 形成于"那文化"体系中的壮族武术走向 ············ 015
  第二节 壮族武术历史变迁中的主流形态存在 ················· 017
  第三节 壮族武术文化变迁的历史动因透视 ····················· 027

第二章 知识考古视角下壮族武术形成的逻辑起点寻绎 ·· 030
  第一节 壮族武术概览 ··· 030
  第二节 壮族武术形成的逻辑起点 ·································· 033
  第三节 历史经验对当今壮族武术发展的启示 ················· 039

第三章 壮族武术技术特征的文化阐释 ························ 043
  第一节 壮族武术形成的历史渊源与技术特征 ················· 044
  第二节 壮族武术技术特征的文化解析 ··························· 046

第四章 仪式理论下壮族武术"拳舞"的解构与透视 …… 057
- 第一节 壮族武术拳舞的仪式抽剥 …… 058
- 第二节 壮族武术拳舞相同的基本程序：象征符号的出场 …… 059
- 第三节 象征符号的文化所指与意义阐释 …… 060

第五章 壮族武术典型个案研究 …… 073
- 第一节 昂拳发展历程的口述史 …… 074
- 第二节 昂拳拳术的部分技术展示 …… 091
- 第三节 包括昂拳的主流壮族武术传承谱系 …… 107
- 第四节 狼兵双刀的文化人类学分析 …… 109

第六章 壮族武术与民俗的互动审视 …… 130
- 第一节 民俗是壮族武术滋生的根基 …… 131
- 第二节 壮族武术对民俗文化的反哺 …… 135
- 第三节 当代民俗变迁背景下壮族武术的自我调适 …… 138

第七章 以壮族武术为代表的少数民族传统体育在社会治理中的参与路径 …… 141
- 第一节 民族地区社会治理的现代化 …… 142
- 第二节 少数民族传统体育文化内生秩序的不同维度 …… 143
- 第三节 少数民族传统体育内生秩序功能的施展路径 …… 153

第八章 以壮族武术为表征的民族传统体育文化适应的路径与机制 …… 157
- 第一节 我国民族传统体育文化发展与研究状况 …… 158
- 第二节 民族传统体育文化适应的路径 …… 159
- 第三节 民族传统体育文化适应的机制 …… 164

参考文献 …… 167

绪　论

早在30多年前,著名社会学家费孝通先生在其《中华民族多元一体格局》一书中提出了"中华民族是由56个民族形成的多元一体、高层次的民族实体"[1]等观点。多民族是我国的一大特色,也是我国发展的一大有利因素。各民族共同开发了祖国的锦绣河山、广袤疆域,共同创造了悠久的中国历史、灿烂的中华文化。党和国家历届领导人也都对各民族关系、各个少数民族给以足够的重视和关心。2017年,在参加新疆代表团审议时,习近平同志就各民族关系进一步发表重要讲话:"要像爱护自己的眼睛一样爱护民族团结,像珍视自己的生命一样珍视民族团结,像石榴籽那样紧紧抱在一起。"[2] 不仅如此,党和国家的意志在政策和行动上都有支撑。2014年12月22日,中共中央、国务院印发了《关于加强和改进新形势下民族工作的意见》指出"从坚定不移走中国特色解决民族问题的正确道路、围绕改善民生推进民族地区经济社会发展、促进各民族交往交流交融、构筑各民族共有精神家园、提高依法管理民族事务能力、加强党对民族工作的领导六个方面提出25条意见,旨在切实加强和改进新形势下民族工作,团结带领全国各族人民共同推进全面

---

[1] 费孝通. 中华民族多元一体格局[M]. 北京:中央民族大学出版社,2018.
[2] 谢环驰."促进各民族像石榴籽一样紧紧抱在一起"[EB/OL]. (2018-03-07). https://www.sohu.com/a/225035569_114731.

建成小康社会、努力实现中华民族伟大复兴的中国梦"。与此同时，对少数民族地区经济与文化的发展进一步细化推进，对其各领域也都有着针对性的顶层设计。少数民族体育作为少数民族以身体为载体的传统文化也不例外。2018年1月10日，由国家体育总局、国家民委联合印发的《关于进一步加强少数民族传统体育工作的指导意见》中指出："少数民族传统体育是我国体育事业的重要组成部分，是我国宝贵的文化遗产，深受各民族群众的喜爱，在传承发展优秀传统文化，促进各民族交往交流交融，提升各族人民体质健康水平，丰富各族群众精神文化生活等方面都发挥着重要的作用。"[①] 因此，为了顺应新时代发展诉求，深化民族团结进步宣传教育和加快推进体育强国建设的需要，繁荣发展少数民族传统体育，促进健康事业发展，已经成为下一步少数民族传统体育工作总体指导思路，也为各少数民族传统体育的文化自觉定下了顶层设计。

　　世居河池、百色、崇左、南宁等代表性地域的壮族及其先民在长期的历史发展中，形成了一个据"那"（水田）而作，依"那"（水田）而居，以"那"（稻作）为本的生产生活模式与"那文化"体系。诚然，也形成了典型的赖"那"而生且具有技击、表演、健身、养性、自娱等功能复合性的身体文化——壮族武术。壮族武术作为壮族身体文化的表征，以其简单朴实的动作运动中所内涵的宗教吸引和人文关怀等精神魅力，至今仍在吸引着部分民间武术家们不计名利地修炼、津津有味地咀嚼、精神愉悦地享受。然而，随着经济发展、文化冲击、城镇化建设等现代化的蔓延，出现了传承人的缺失、文化空间的挤压、传承背景的消解等问题，以至于这些民间武术呈现出日渐

---

① 长沙市民宗局. 国家体育总局　国家民委关于印发《关于进一步加强少数民族传统体育工作的指导意见》的通知 [EB/OL]. (2018-01-24). http://szj.changsha.gov.cn/xxgk/tzgg_1678/201802/t20180206_2178130.html.

式微的态势。"中华民族伟大复兴,需要以中华文化发展繁荣为条件"(习近平语),作为当下整个中华民族的共识,强化了非物质遗产保护的力度。2014年国务院颁布了《关于加快发展体育产业促进体育消费的若干意见》,并发出了"鼓励地方根据当地自然、人文资源发展特色体育产业,大力发展推广武术、龙舟、舞龙舞狮等传统体育项目,扶持少数民族体育项目发展"的号召。因此,在如斯的背景下,对壮族武术的研究有着文化安全保护的基础性目的与意义。

第一节 研究目的与意义

一、研究目的

传承民族体育文化。壮族武术是壮族文化催生的重要成果之一,是壮族传统文化不可分割的有机整体,是构建民族记忆与文化认同的优秀载体。因此,在民族想象共同体趋于瓦解、民族体育文脉出现断裂趋势的当下,对其挖整与弘扬有利于构建民族体育文化可持续发展的"文化认知—文化认同—文化自信—文化自觉"传承链条。

发掘地方体育资源,营造文化软实力。对壮族武术的梳理与研究可以发掘当地的体育资源,打造体育品牌(如百色靖西举办的壮族武术节等);建构民间体育组织(如百色古壮拳协会的成立);与旅游结合,发展经济,营造地方文化软实力。

建设学校体育地方校本教材。2014年教育部颁发的《完善中华优秀文化教育指导纲要》发出了"鼓励各地各学校充分挖掘和利用本地中华优秀传统文化教育资源,开设专题的地方课程和校本课程"的号召。因此,以壮族武术文化为资源,开发具有群众基础与文化认同的学校体育校本教材,无疑更具有亲和力与切实效果。

二、研究意义

探索壮族武术保护理论。壮族武术与壮药、壮锦、壮歌一样,凝聚着壮族人民的智慧和文化结晶,不仅是壮族族群的文化记忆与血脉,更是壮族人民抗击倭寇、保家卫国、捍卫民族尊严不可替代的精神图腾。然而,长期以来壮族武术缺少有效保护途径,大多面临失传与灭绝的境遇,其命运岌岌可危。因此,对壮族武术的抢救性保护已迫在眉睫、刻不容缓,而这需要理论研究。

为中华武学扎实重要一脉。无论是中国武术博物馆的记载,还是20世纪80年代统计的129个拳种中,壮族武术无疑都是广西武术的代表,但是落到实处,壮族武术的挖掘与整理呈现出盛名之下的近乎"虚无"状态。梳理现有的学术成果发现,壮族武术作为广西体育资源的一个知名品牌其内功做得并不扎实。本书的研究对象直接是壮族武术本体,有利于这一拳种具体化、落地化地充实起来。

为壮学研究提供原真标本。壮学是以壮族社会群体及其文化为对象,进行历史性、现实性和整体性的系统研究的综合性学科。壮族武术作为壮族的身体文化事象必然内蕴其民族思维模式、信仰观念、价值取向、审美情趣、哲学思想及民族文化心理、民族文化精神等性质特征,对其挖掘与整理有利于丰富与补白发展中的壮学体系,为其拓宽学术视域。

第二节 相关研究的学术史梳理

"村落是农民生活的基本功能单位"（费孝通，《江村经济》），选择村落这一完整的"社会生态系统"作为研究的视角，是透视肇始于草根的壮族武术文化的恰当又重要的切入点。以村落为视域对中国村庄进行社会学与人类学的研究，海内外学者已经取得了令人称道的学术成就，但在武术领域，"村落"这个窗口才刚刚被打开。随着学界对宏大叙事模式的武术文化研究的反思，人们发现通过"村落""拳种"等这些具体的、摸得着、看得见的"微观全景视窗"来深窥植根乡土社会、包罗"拳种"与"套路"、"流派"与"门户"的村落传统武术是未来武术文化研究的趋势。梳理村落传统武术研究成果，不过寥寥数篇，主要以人类学研究范式探讨了村落传统武术在与社会系统互动中，村落传统武术的发展与流变、传承与保护，如郭学松等的《一个少数民族村落传统武术人口变迁的考察》、吴有凯的《对一个村落传统武术流变的考察》、王明建的《武术发展的社会生态与社会动因——以村落传统武术为研究个案》、周惠新等的《中国村落传统武术变迁的文化人类学分析》、张濒化的《苗族村落传统武术文化的传承与发展研究》等。整体上宏观有余，而微观与深度不足，内容多局于文化、社会表面，鲜有聚焦于民族拳种文化背后的精神诉求、价值观念和思维方式的深层透视。现有研究对本书提供了有益的启示，但对于"挖掘"与"整理"尚显单薄。

同时，审视壮族武术的学术史发现，国内方面研究资料多集中在新中国成立以后。首先是20世纪80年代以来的成果主要以专著中一个体育项目的形式提纲式地介绍了壮族武术的发展历史与文化、技术特点及分布地域等，如广西壮族自治区武术挖掘整理办公室的《广西拳械录》、刘德琼的《少数民族传统体育》、杨琴的《非物质遗产视角研究广西壮族武术的保护与发展》等。其次是对在历史上与壮族武术密切相关的制度、人物、事件及壮族武术与其他拳种的融合等进行了涉猎，如张延庆的《从土司的军事制度看壮族武术的发展》、李吉远的《明代壮族"狼兵"抗倭武艺考述》、张延庆的《从瓦氏夫人抗倭看西南民族武术与中原武术的交流与融合》；韦晓康等的《从瓦氏夫人抗倭探析广西狼兵武术》等。还有就是以全景的视角对壮族武术文化及其传承进行了思考，如杨尚春的《继承与保护壮族武术文化的理性思考》、张延庆的《西南少数民族武术文化阐析》、杨琴的《广西壮族武术研究》、王晓晨等的《壮拳文化变迁的历史人类学考察》、王晓晨等的《仪式理论下壮拳拳舞的解构与透视》、王世景等的《壮拳技术特征的文化解析》、王标等的《知识考古视角下壮拳形成的逻辑起点寻绎》等。当然除了上述聚焦壮族武术本体文化的研究之外，还有对壮族武术的社会功能与价值的审视，如解少康等的《壮族村落传统武术与民俗的互动研究》、孙庆彬等的《自觉、自信、自强：民族传统体育文化适应的路径与机制——以壮族武术为例》等成果的出现，不同程度地折射了壮族武术与社会其他领域的交叉融合。一言以蔽之，现有的专著与论文对广西壮族武术的研究存在不够系统、缺乏一书在手系统认知的学术路径、在深度上还有提升空间等特点，多为粗线条地勾勒了散落于历史事件中的壮族武术，整体上依然是处于零散破落之状态。研究广度囿于一隅、研究深度局于一格，缺乏以民族的视角来全面、深度研究其武术的成果，以及与时俱进地开发。国外方面，检索EBSCOHost、读秀知识库等较有影响的外文学术数据库，未发现壮族武术的研究，但已有国外学者对中国的民间信仰、民俗仪式等进行过研究，可供借鉴。

第三节 壮族武术的概念界定

恩格斯指出："必须先研究事物，尔后才能研究过程。必须先知道一个事物是什么，尔后才能察觉这个事物中所发生的变化。"① 科学研究的起点首先是对研究对象做出明确界定，而研究对象的概念是对事物本质属性的概括，是人们借以认识和把握事物本质的途径。本书以壮族武术为研究本体，首先要清楚其相关内涵与外延，对其做出相应的操作性定义，有利于研究的开展。

壮族武术，俗称壮拳，是以壮族人民为族群印记和地域特征的民族武术。20 世纪 80 年代挖掘出的壮族武术记录集成《广西通志·体育志》（1989 年）中收录的壮族武术套路就有 50 套：擒功大王拳、霸王锤、梅花桩拳、踢打四门、三桥手、三打罗汉拳、打虎拳、天字功、飞天字功、白鹤文之（壮语译音）、阴阳定妖、小太极、扦拳、小反步、跌马归栏、八仙过海、山林伏虎、拔解短、金刚扫地、龙腰虎背、猴子挂南山、大百步、板狗杠、捆桩、十八桩、擒桩、大连环、二步雕、双眼勾局、白鹤晒翅、凤凰抓地、乌鸦晒翅、水牛站堂、龙头凤尾拳、莲花拳、雪花盖顶（刀术）、八卦榔棍、白鹤棍、铁线棍、九子连环棍、九下手（棍术）、三叉、春秋大刀、三指铁耙、鱼尾叉、标、长板护身凳、八卦榔棍对练、三叉耙头、棍对练，当前又有比较火爆的古壮拳——傅氏古壮拳、昂拳、黄氏古壮拳等。有拳术，有器械，又有对练，丰富多样、琳琅满目，构成了相对丰富庞杂的壮族武术文化丛。

---

① 王晓晨. 学校武术教育百年变迁研究 [M]. 北京：人民体育出版社，2018：6.

第四节 研究对象与方法

一、研究对象

本书立足民族武术研究思路,以壮族武术为研究对象,聚焦壮族武术本体,从宏观纵向的历时维度梳理了壮族武术的发展变迁;基于知识考古的思路考量了壮族武术的缘起;按照拳种研究的一般范式,归纳了壮族武术技术特征形成的文化基础;聚焦壮族武术文化中的仪式窥探了壮族武术的历史文化内核;与此同时,在壮族武术在当代社会的价值开发中,审视了壮族武术与民俗的互动与应用;同时,以壮族武术为折射点探究了少数民族体育在当代社会治理及少数民族体育在当代社会的文化适应等诸多未来发展的问题视向。

具体调研操作中,本书无法笼统地研究壮族村落传统武术,因为涉及面太广,力所不及,只好在壮族聚居密集的地域找出若干代表性的村落传统武术作为重点调查对象,以此来管窥壮族武术的全貌。本书初步选择了10个壮族村落、社区武术作为重点调查对象(表1)。这些壮族村落所传承的壮族武术项目皆具有浓郁的民族特色,大都已入选当地非物质文化遗产名录。从这些村落传统武术出发,作广阔的透视、全面的分析,具有典型性和标本意义。

表1 初步重点调查的壮族村落传统武术

序号	壮族武术内容	代表人物	村落位置
1	六林拳	罗仕规	天峨县三堡乡拉汪屯

续表

序号	壮族武术内容	代表人物	村落位置
2	蚂拐象形武术	向宝业	天峨县六排镇纳洞村
3	狼兵双刀	黄家勇	都安县高岭镇黄氏司公家族
4	牛角拳	吴文献	南丹县黑龙古溪峒
5	平易棍术	周伙益	东兰县隘洞拉社村平易屯
6	皆马矮桩	何炳荣	西林县那佐乡皆马村
7	度师拳	覃永昌	靖西市湖润镇、新靖镇
8	昂拳	唐曲	平果县榜圩镇
9	山林伏虎拳	侬老爹	大新县上甲五个壮族古村落
10	擒功大王拳	白志侠	南宁武鸣区

二、研究方法

本书总体上采用了宏观研究与微观研究并用、理论研究与实践研究相结合的方法，对壮族武术历史与文化等本体及社会参与和文化教育等应用价值等诸方面进行了较为系统的"多维立体透视"。具体主要采用了以下方法。

（一）田野调查法

作者深入壮族村落、社区进行田野调查，调查时灵活运用观察法、定点追踪法、访谈法。这些方法各有优长，分别有各自的适用范围。观察法有利于了解壮族武术发展现状；定点追踪法有利于探究村落传统武术与民俗的互动、传承、利用情况；访谈法有利于挖掘壮族武术精神层面的内容。

（二）文献资料法

虽然本书所选的10个壮族村落、社区的传统武术具有典型性，但它们的代表意义不能无限扩大，不能完全涵盖其他全部的壮族武术所具有的不同特点。作者以这10个案例进行分析和归纳，但分析时不限于这些案例，还会参阅其他已有研究资料和地方性文献，以利于作出较具普遍性的分析。

（三）逻辑分析法

本书运用逻辑分析法，综合分析学界既有的相关文献和本书实地的调查材料，探究壮族武术生存逻辑和发展道路，融实证性和分析性于一体，力图运用比较、分析和综合的逻辑推理方法分析所掌握的研究材料，得出最接近科学的推论。

第五节　基本结构与研究重难点

一、基本结构

本书共有9个主要部分，第1部分为绪论，正文部分包括8个章节。

绪论部分包括：壮族武术研究的目的与意义、概念界定、国内外相关研究述评、研究对象与方法的厘定、研究重难点、创新点、研究不足之处。

第一部分主要从宏观的视角以壮族武术的历时维度对其文化变迁进行了审视。主要梳理了形成与建构于"那文化"体系中的壮族武术文化气质，并梳理了随着历史发展壮族武术在不同时段中存在的主要形态及其在整体观上的变迁，与此同时，还对壮族武术文化变迁的历史动因进行了探讨。

第二部分从福柯的知识考古思路对壮族武术形成的逻辑起点进行了审视。首先对壮族武术进行了总概览；然后进一步对壮族武术形成的背景、文化土壤、社会与民族需求等视角聚焦，分析壮族武术形成的逻辑起点，同时基于壮族武术形成的历史经验，对未来壮族武术的发展提出些许启示和思考。

第三部分主要是对壮族武术的技术特征进行了总体归纳，并从壮族聚居区多山、多水、多丛林的自然环境和壮族族众坚韧质朴的民族性格、历代的军事战争、土司制度和恶劣的社会环境、宗教与伦理的文化影响等方面着手分析了壮族武术这些技术特征形成的文化基础，鞭辟入里，深入透视了壮族武术所承载的自然、人文与社会内涵。

第四部分主要是对壮族武术中的拳舞仪式进行了挖掘。拳舞以其仪式的文化个性，成为拳种发展中高度程式化与标准化的存在，完整存储了拳种的诸多文化信息。对其解构与透视为全面认识拳种及实现拳种当代的创造性转化提供了绝佳视角。研究运用仪式的多元理论对壮族武术拳舞的基本程序及其象征符号的文化所指进行了梳理与寻绎，认为：拳舞仪式环节不仅反映了壮族宗教信仰中的英雄崇拜，而且折射了酒作为壮人人生关键时刻过渡性标志的文化意义；不仅反映了历史上土司意志在事关土兵生死的壮族武术中的体现，而且折射了壮族武术的传承路径及师爷与土兵之间的关系；不仅通过礼拜家中已逝老人灵魂反映壮族民间社会的尊老意识，而且通过礼拜现场的观众折射了社会道德中人人平等诉求等的文化意蕴。

第五部分主要是在宏观与微观研究思路相结合的诉求下，在前面几部分整体审视壮族武术的基础上，在接地气的诉求下，梳理了壮族武术2个典型的个案：昂拳和狼兵双刀。在对话两个拳种传承人的基础上，对昂拳和狼兵双刀在拳种视角进行了历史与文化考量。

第六部分主要是审视壮族武术的功能与价值开发，当然，这是壮族武术可持续发展和存在的重要意义。本部分主要梳理了壮族武术与民俗活动之间的关系，认为民俗活动为壮族武术的发展与传承提供了空间和平台，壮族武术也丰富了民俗活动的内容。进一步细化分析，认为：尚武习俗、信仰习俗、山歌习俗是壮族武术传承的基础、动力和载体；与此同时，村落传统武术对壮族生产生活、道德礼仪、行为规范等习俗有着不可或缺的反哺。在此基础上提出了当代民俗变迁背景下壮族武术应以"文化认同"为核心，注重"武德"传承；紧跟时代变化，赋予壮族武术新功能等自我调适举措，以期促进壮族武术和民俗互动发展。

第七部分主要是对以壮族武术为代表的少数民族体育参与民族地区社会治理的内生秩序进行梳理归纳，发现少数民族传统体育文化在价值导向、道德示范、文化认同、关系调适、社会整合等面向有着建构社会秩序的功能与价值。并对其自身的社会秩序影响力发挥的路径进行了探讨：结合现实境遇认为应充分利用民俗、节庆、个人活动创造的各种展演机会；积极组织少数民族传统体育竞技赛事；强根固基村落体育组织来施展和延伸少数民族传统体育文化的内生秩序，是新时代以壮族武术为代表的少数民族传统体育参与民族地区社会治理的主要路径。

第八部分主要是以壮族武术为例，探索民族传统体育文化适应的路径与机制，为民族传统体育文化的保护传承提供参考。澄明基本价值，强化文化认同、梳理历史源流，唤起文化自觉、积聚文化底蕴，提升文化自信、聚焦文化创新，推动文化自强、涵化外来文化，促进文化融合是民族体育文化适应的基本路径。文化认同、文化自觉、文化自信是文化适应的心理基础，文化自强为文化适应提供内生动力，文化融合为文化适应提供外来助力等乃是民族传统体育文化适应的内在机制。

二、研究重难点

本书的重点主要是归纳壮族武术的文化个性,以及阐释壮族武术形成诸多特征的历史、文化、哲学基础;难点是壮族武术在当代社会的价值开发、文化传承与未来发展等文化适应面向的策略研究。

第六节　创新点与不足之处

一、可能的创新点

基于仪式理论对壮族武术拳舞仪式的历史、文化和哲学的挖掘算是一个民族武术研究的创新;在壮族武术社会功能与价值的开发上,梳理了壮族武术参与社会治理、与民俗的互动乃至以文化适应思路来审视未来壮族武术的发展都不失为视角的创新。

二、不足之处

"武术史的研究是一门'冷学问',是一个'落寞清冷'的境域"[1]。民族武术历史与文化的挖掘中,面对庞杂博大的民族文献资料,从中找到与壮族武术有关的材料确实不易,需要潜心思考和认真收集。本书在展开过程中也尽力去田野调查、去收集,但依然存在有效资料充盈度不足的问题。

---

[1] 马明达. 说剑丛稿 [M]. 增订本. 北京:中华书局,2007:2.

从历史上看，壮族先民广布于岭南，而现代壮族主要聚居于桂西、桂北，部分分布于云南文山州、广东连山、湖南江华和贵州从江等地。地域上分布广，实施全面的调查研究难度大。且壮乡，尤其是壮族聚居地多处在山高路险之地，自驾田野中多次出现危险。因此，对壮族武术实施全面的调研困难重重。尽管团队成员尽了最大努力，但田野调查的范围还不够全面。

第一章
壮族武术文化变迁的历史人类学考察

"中华民族伟大复兴，需要以中华文化发展繁荣为条件"的国家意志不仅强调着"体育强则中国强"的政治逻辑，而且隐喻着民族体育文化建设发展的"新时代"意义。作为携带着强大民族文化基因、蕴含着丰富民族文化故事、承载着厚重民族记忆和族群认同的武术文化，壮族武术在新时代、新思想、新矛盾、新目标的今天依然焕发着蓬勃生机。站在国家与民族的高度，如何使壮族武术成为繁荣中华文化发展的一分子，成为国家意志的见证者、参与者和奉献者，需要我们认真梳理和寻绎壮族武术的文化特质及其在新时代的民俗和教育意义，使之产生新意义，推动社会主义文化繁荣兴盛。

第一节 形成于"那文化"体系中的壮族武术走向

世居河池、百色、崇左、南宁、柳州等代表性地域的壮族先民及其后代在长期的历史发展中，形成了一个据"那"（水田）而作，依"那"（水田）而居，以"那"（稻作）为本的生产生活模式与"那文化"体系。其中就包含了典型的具有技击、表演、健身、养性、自娱等功能复合性的身体文化——壮族武术。

考古表明，壮族先民最早发明水稻种植，稻作文化的影响由来已久。与此同时，壮族生存空间，特别是壮族置身的地域特征又有着"盘万岭之中，当三江之险，六十三山倚为巢穴，三十六源踞其腹心"① 之喻。因此，千山万崇中的稻作文明不仅培育了壮人坚韧、勤劳、耐苦、质朴的性格，也为壮族武术打上了地域文化烙印，渗透着壮人的价值取向、思维方式、行为模式和审美情趣。作为表征，壮族武术之刚烈与威猛充分体现了族人坚韧不拔、奋勇向前的民族心理；其技法朴实，讲究实用，如古壮族武术"鬼头鬼脑，不弓不马，快慢无章，类似猴子满山跑。""拳看步，脚看路，拳是儿子妈是步。""步比刀快，噶谷（壮语，意为杀虎）不奇怪。"等方法论下的"拳打、脚踢、肘击、膝撞、头顶、撕咬"要实现"一击必杀"的格斗诉求，又与壮族长期基于稻作的"那文化"中孕育的实用理性息息相关；古代壮族武术在对峙时不露秋毫、杀气内敛，善于隐藏伪装。正如访谈中昂拳（古壮族武术代表）的正宗传承人之一的唐曲先生所言："那种情形就像岭南的毒蛇通过树叶草丛伪装，善于隐藏，捕获先机给对方致命一击"，反映了壮族在恶劣残酷的环境中小心翼翼地保护自己的本能和动机。但壮族武术作为"弱者的武器"，一旦处在实战中，往往在发声呼喊中威势大振，其发声一般为壮语的呐喊"噶"（意为杀）、"衣""噶带"（意为杀死），甚至是骂人的脏话，反映了基于稻作的壮人内向、平和、忍让而又爱憎分明的质朴民族性格。

范畴上，壮族武术是个统称，是一个包含多个拳种在内的多元文化丛。既包括原发于壮族、具有"拳械一致、周身可用、布阵设套、拜师拳舞"（2017年古壮族武术会议的讨论结果）特征，部分招式命名和发声使用壮语

---

① 南炳文，汤纲. 明史：卷317《广西土司一》[M]. 上海：上海人民出版社，2003.

的"南蛮拳""古壮族武术"等;又包括随着文化交流融合而本土化且成为壮人日常习练的"南拳""北拳"等。从20世纪80年代全国武术挖整出的部分套路名称来看,这些壮族武术的套路名称有"擒功大王拳""白鹤文之(壮语译音)""打虎拳""山林伏虎""猴子挂南山""乌鸦晒翅""水牛站堂""蚂拐象形武术""长板护身凳""白鹤晒翅""凤凰抓地""平易棍术""跌马归栏""捆桩、十八桩、擒桩""牛角拳""山歌拳"等。与《壮族通史》《壮族文化史》《壮族图腾考》等著述对"那文化"的农耕特征描述如出一辙。意即在这些基于壮族武术整合的民族文化因子里,"隐约可以感觉到牛的耐劳与迟缓;蛙之忠实和迂阔;鸟之欢跃与将就;竹之坚韧与古板"① 等"那文化"体系特有的图腾崇拜、农耕休闲与山林写意等诸多气质。随着南北文化的碰撞与融合,壮族武术的发展并没有停滞不前,尤其是"明清以降'改土归流'的推行以来"② 的先进汉文化影响,壮族武术套路中又有"春秋大刀""阴阳定妖""小太极""八卦榔棍对练、八卦假棍""三打罗汉拳"等基于儒道释为本体、认识与方法论的技术体系。一言以蔽之,文化的融合使得形成于"那文化"特质的壮族武术也出现了变迁。

第二节 壮族武术历史变迁中的主流形态存在

一、战乱时代的生存之技

历史上的壮乡地处边陲,地域广阔,多是山区;交通不便,经济文化相

---

① 邱振声. 壮族图腾考 [M]. 南宁:广西教育出版社,1996:序.
② 黄现璠,黄增庆,张一民. 壮族通史 [M]. 南宁:广西民族出版社,1988:366.

对落后。广西"素称地瘠民贫，桂西一带更是名副其实。绝大部分地区是山岭崎岖，生产物贫乏，其中尤以右江流域的万冈丛密盘踞而得名"①。区位与地域、经济与文化的客观现实使得壮人不仅要面对外敌的战争威胁，而且要面对历代封建统治者长期的"分而治之"和"以夷制夷"的政策带来的内部战乱。特别是内部封建王朝的镇压、各地土司之间由于利益之争而引起的火拼兼并，以及土司对壮民强取豪夺而引起的剑拔弩张，都使得壮人在保卫村寨安全、维护个体生存时将壮族武术这一土兵、狼兵的生存之技推向了极致。隋唐羁縻时代、宋元明清的土司时代及"改土归流"时期，"土丁、峒丁，无不习战，标、枪、刀、弩、箭、牌等武器，用之甚精，故强武可用。明代之土司狼兵，更是'鸷悍，天下称最'，不仅艰苦耐劳、勇敢善战，而且人数众多，是一支重要的武装力量"②。之所以如此，与当时的军事情形息息相关。在军事诉求上，土兵、狼兵的作用主要有"讨蛮""守境土"和"抗交趾、倭寇外侵"③等功能。所谓"讨蛮"，就是镇压各族农民起义。朝廷直接通过土司调动土兵、狼兵去镇压广西、广东、海南、江西、贵州等省内外的瑶、黎、汉等各族农民起义，土兵和狼兵成为镇压各族人民反抗斗争的工具，而且各土司之间为争夺地方、人口的统治权而互相争战，土兵、狼兵又成为土司争霸地方的工具。土兵、狼兵作为依附于土官农奴主的财产而被任意践踏，"生杀予夺，尽出其酋""供水陆之产，为之力作，终岁而不得一饱"④是其真实写照。"守境土"是狼兵、土兵的另一职能，尤其是宋元明时期，狼兵、土兵不仅要镇守各个土司的地盘，防止"诸蛮寇边"，而且要听从朝廷的调令

---

① 黄现璠，黄增庆，张一民. 壮族通史[M]. 南宁：广西民族出版社，1988：652.
② 张声震. 壮族通史[M]. 北京：民族出版社，1997：644-645.
③ 同②。
④ 周去非. 岭外代答[M]. 屠友祥，点校. 上海：上海远东出版社，1996：73.

而镇戍边关,如"东兰、南丹、那地三州,每年出兵五百名,专戍柳州……敢有迁延不服调遣及兵不足数者,俱听参究"① 成为常态。"抗交趾、倭寇外侵"又是土兵、狼兵的又一功能。如北宋时期江溪峒的英勇壮人反抗交趾(指越南北部)的入侵②,百色明代土官之女瓦氏夫人亲率狼兵驰骋千里奔赴东南沿海抗倭、河池东兰韦正宝、韦虎臣、韦起云奔赴东南沿海抗倭的历史创举绝非偶然,而是基于战乱之际的军事传统。马克思说过,饥寒交迫是历史发展最雄浑的动力。土兵、狼兵艰苦的生存环境注定了其将作为武装工具的壮族武术视为保障生存的基本技能。

战乱的历史环境又推动了壮族武术文化的传播与发展,塑造了一批社会精英,凝聚了尚武之风。如至今仍被靖西、田东等一带百姓奉若神灵的宋代壮族英雄侬智高,因其壮族武术武艺高强、善使飞镖、领兵起义、流亡暹罗而成为壮族武术、泰拳发展史上的鼻祖级人物③。至明代土司制度的鼎盛时期,壮族武术更是由内到外、由下至上的武装手段。由此逐渐形成了壮人尚武的文化传统与风俗习惯。"明代壮人,每生下一个男丁,就把他看成未来的'狼兵'。父母称上一块和他分量相等的铁块,用红绸扎好,庄重地挂在孩子床头。待他长到十来岁,便用这块铁打成一把刀,闲时由土官的师爷教其习武"④。

---

① 蓝武.明代广西壮族土司士兵"供征调"及其社会影响述论[J].广西师范大学学报(哲学社会科学版),2012,48(2):47-50.
② 黄现璠,黄增庆,张一民.壮族通史[M].南宁:广西民族出版社,1988:758.
③ 乃差猜.泰拳[M].成都:成都时代出版社,2008:12-13.
④ 梁庭望.壮族风俗志[M].北京:中央民族学院出版社,1987:188-190.

侬智高像

(摄于2018年8月18日云南文山州富宁县冒塘朗英侬智高后裔村)

瓦氏夫人墓碑

(摄于2016年6月13日广西壮族自治区百色田阳县田州镇隆平村那豆屯北面)

说明：壮族军事史上对壮族武术发展贡献较为突出的壮族精英有侬智高、瓦氏夫人，以及韦正宝、韦虎臣、韦起云、韦应龙祖孙四代等。

强壮筋骨、防身护家、保国安邦，这种"修齐治平"的儒家夙愿也一直是壮族武术文化得以繁荣的社会基础。"入则为民，出则为兵""召之即来，来之能战"的兵源模式与军事诉求不仅营造了壮族武术的发展空间，更是成就了壮族武术武装下的狼兵非凡战力的历史成就。其中最有代表性的当数谙熟兵法、武艺高强的壮族女英雄瓦氏夫人。"率七千狼兵赴苏州抗倭,其贴身部下定律三虎与秩马五豹都是壮族武术高手"①,明朝抗倭名将胡宗宪在其《筹海图编》中给瓦氏部下的田州狼兵以高度评价:"其兵可死而不可败。"吴殳在其著作《手臂录》中有《双刀歌》的"女将亲战挥双刀,战团雪片初圆月。麾下健儿二十四,雁翎五十各翕忽。岛夷杀尽江海清,南纪至今推战伐"的诗句记述了壮族武术武装下的壮族子弟的威风凛凛。明代诗人朱察卿对此也有"万里迢遥征戍士,虎符星发路何赊。帐前竖子金刀薄,阃外将军宝髻斜"的盛赞。近代太平天国运动中,以壮族将领及壮族子弟为主的前锋,从桂平打到天京,又从天京打到天津。攻坚克难中呈现出势如破竹、锐不可当的态势②。作者在今天桂平市金田村田野中发现,金田起义的兵丁中很多是壮族武术好手,从身体到精神都深受壮族武术文化的影响。正如壮学家梁庭望教授所言:"刀枪剑戟中的一决雌雄,壮拳武技水平的高低起着决定性作用。"③

二、民俗节庆的狂欢手段

壮族武术不仅是壮人生存斗争的工具,更是狂欢时刻"手之舞之足之蹈之"的娱神娱人之手段。壮人有着自己独特的事关宗教信仰的民俗和节庆活动,如"三月三"歌节、牛魂节、蚂拐节等,壮族特有的节庆及节庆中的民俗体育活动无不体现着对天神、雷神、牛神、蛙神、"布洛陀"、祖先、大树等信仰的"自然崇拜、鬼魂崇拜、祖先崇拜、英雄崇拜、图腾崇拜、动植物崇拜"④,

---

① 黄明标. 瓦氏夫人研究 [M]. 南宁:广西民族出版社,2008:117.
② 陈舜臣. 太平天国兴亡录 [M]. 北京:红旗出版社,2017:23-30.
③ 梁庭望. 壮族风俗志 [M]. 北京:中央民族学院出版社,1987:188-190.
④ 玉时阶. 壮族民间宗教文化 [M]. 北京:民族出版社,2004:25-32.

神祇众多,信仰繁杂。正是对这些信仰的忠实崇拜,使得人们在民俗、节庆的狂欢中常常一改往日伦理道德规范和理性限制,更多出现出于本能、情感和欲望的越轨行为,弥漫着强烈的快感和新奇,试图创造出一种非理性、乌托邦社会所应有的民族欢聚一堂的热烈与和谐。虽然残酷的生存现实使得壮族武术注重实用,呈现出简单朴实、一招致命、一招致残的技击旨求,但这并不影响壮族武术手孔武有力而又虔诚地将壮族武术套路展示为一种宗教性或巫术性极浓的身体技术。犹如仪式中的舞蹈,"他们并不在乎表演动作是否优美,是否给人带来了艺术的享受,而是只对是否表现出了神的威仪、是否传达了神的旨意、是否展示了神的法力等发生兴趣"①。

壮族节庆与民俗活动中的古壮拳旗帜与拳照

---

① 吴开婉. 云南少数民族宗教舞蹈初议 [J]. 民族艺术研究, 1995 (4): 51-54.

如果说壮族武术好手"在晚会或在节日中表演一些基本功和套路"或者壮族武术翘楚"在地方武馆开馆或在功夫大赛上"①的精彩展示算是节庆的开胃小菜的话，那么崇左宁明基于花山岩画中"壮族先民的祭祀巫术，战争排兵，娱乐、技击等一系列远古生活场景与文化具象"②的文化符号而建构的花山壮族武术表演、河池南丹"演武节"中的声势浩大的山歌拳③、河池宜州"壮族武术第一村"合寨村多位壮族武术老者在"三月三"的土壮族武术表演等就算得上是民俗活动的满汉全席了。同时，壮族武术与舞狮运动又紧密相连。舞狮作为节庆与民俗中狂欢的又一举措，与武术密不可分。桂西壮族聚居区一带自民国就有醒狮表演之后的土壮族武术表演，狮王争霸中的壮族武术比武④等文化习俗。时至今日，百色靖西、崇左大新一带，壮族武术又有舞狮拳的叫法。直至 2018 年 3 月，作者和团队成员在宜州屏南乡被称为"壮族武术第一村"的合寨村调研中发现了由"土壮族武术"传承人蒙国栋、蒙成顺等演练的传统龙狮运动，这种叫法进一步得到了印证。这种龙狮运动技术上半狮半武，狮中带拳，拳中有狮，可谓"土壮族武术"与舞狮运动的完美结合，作为当地"三月三"的狂欢手段有着完美演绎。调研时，置身当时场景，切切实实能感受到壮乡民众基于集体记忆和文化认同上的如痴如醉之观感。"宗教及其神化源于人类对强力的崇拜，宗教中的神便是那强力的代表"⑤，壮族武术手在大型歌圩、庙会、节庆中那刚劲有力、动作粗犷、目光

---

① 黄友军. 壮族民间传统武术的传承与发展研究——以广西百色市为例［J］. 百色学院学报，2014，27（6）：98-100.
② 董先辉，何卫东，董必凯，等. 广西花山壮拳及其文化传承的人类学辨析［J］. 体育科技文献通报，2017，25（6）：31-35.
③ 周美凤. 广西南丹拉者村山歌拳研究［D］. 武汉：华中师范大学，2014.
④ 绕开. 白崇禧与广西武术运动［J］. 体育文史，1994（5）：38-39.
⑤ 王晓晨，赵光圣，乔媛媛. 仪式·教育·人：泰拳赛前仪式的理性教育检视［J］. 上海体育学院学报，2015，39（4）：46-49，63.

有神、富有战斗意味的武艺展示，那种娱神与娱人共欢，那种情感的表达和宣泄更符合狂欢的真实意义。诚如著名民俗学家钟敬文所言："从历史上看，不同民族，不同国家都存在着不同形式的狂欢活动。他们通过社会成员的群体聚会和传统的表演场面体现出来，洋溢着心灵的欢乐和生命的情绪。"① 简言之，壮族武术无论是作为表达宗教信仰时仪式性身体表达，还是民俗节庆时的庆祝性的身体活动，场域中的壮族武术已经成为超越理性阈值与区隔的手段和路径，让阶层社会群体得以宣泄情感与不满，从而建构更理性的社会秩序。

三、日常生活的教育资本

布迪厄基于实践形式将资本分为经济资本、文化资本、社会资本和象征资本，并指出"资本是一种积累起来的劳动，它以物质化形式或是'肉体化'、身体化形式存在"②。沿此逻辑，壮族武术文化就是以身体化形式存在的文化资本。文化人类学家本尼迪克特对文化有一个著名的描述：文化是人格在典章上的扩大，即文化是一组人格心理特征在规范、组织、习俗和制度上的投射或者说文化是一组人格心理特征的规范化、合法化和制度化。那么这组人格心理特征对社会中的个体就有着模塑个人人格、实现社会化或濡化的功能；而资本的概念，在布迪厄看来必须与场域联系起来，一种特定的资本总是在给定的场域中有效。因此，壮族武术文化作为教育场域的文化资本，即教育资本，在学理上是毋庸置疑的。日常生活是文化哲学研究的范畴，壮族武术文化作为一种教育资本，其运作与展开深受日常生活中文化哲学的影

---

① 钟敬文. 文学狂欢思想与狂欢［N］. 光明日报, 1999-01-28.
② 谢立中. 西方社会学名著提要：第2版［M］. 南昌：江西人民出版社, 2007：503.

响。"文化哲学所致力探讨的作为人的生存的基本方式和社会运行的内在机理的、历史地凝聚成的自觉的或不自觉的文化模式或文化精神，是以日常生活世界为基本寓所和根基的"①，也就是说，由壮族武术文化嵌入的壮族族群日常生活正是壮族武术文化作为教育资本所运作的基本场域。

首先，在民间，壮族武术文化已经被壮人自觉或不自觉地建构成一种生活方式。作者在百色靖西田野中发现，一个茶台，几个老人，一群孩子，轮番表演壮族武术的拳术和器械套路成为壮族世居村落的生活日常，而且在访谈中获悉，壮族武术长者对村落儿童的壮族武术传习是一种熟人社会中具有高度重复性的生活实践。"得心应手""司空见惯"，甚至"熟视无睹"中壮族武术文化作为一种教育资本已经深深融合到壮族族群社会中，无法剥离于日常生活。

百色市古壮拳协会的唐曲与刘志岩先生的收徒仪式照

其次，随着各地文化资源的挖掘与保护意识越来越强，在政府主导下的

---

① 衣俊卿. 中国日常生活批判的理论视野 [J]. 求是学刊, 2005 (6): 6-13.

壮族武术文化日渐复活与凸显，各种壮族武术文化教育活动频繁开展。如在百色市体育局的牵头下成立了百色市古壮族武术协会，建立了百色市古壮族武术武艺培训基地；河池市为了塑造旅游资源和文化品牌也成立了壮族武术挖整团队；被广西武术界公认的昂拳（被认为最正宗的古壮族武术）、傅家古壮拳、黄家古壮拳的代表人物刘志岩、唐曲、黄家勇等人经常去各个部门传授壮族武术武技，前不久还有壮族武术传承人①走进百色公安边防总队教授壮族武术格斗技术的报道。另外，在围绕广西柳州、武鸣等地的"三月三"散打赛事调研中发现，很多熟悉壮族武术的散打教练在备战散打比赛时往往抽取壮族武术训练功法和格斗技巧来强化运动员，比赛中取得优异成绩的比比皆是。

再次，在学校，壮族武术文化已经被有意识地整理成中小学体育教材。调研发现，目前南宁、百色等地的中小学已经在教育部"一校一拳"的教改理念下在体育课程和课间操中安排有壮族武术内容。百色市很多中小学，尤其是民族中学已经在教育局和体育局的指导下，开展壮族武术课程。调研中看到，身着民族服饰、发声响亮、动作整齐震撼的壮族武术演练俨然成为民族学校一道亮丽的风景线。在南宁，"广西教育厅和体育局将南宁沛鸿中学等14所中小学命名为'广西民族传统体育示范学校'，并成立由广西民族大学与全区各示范学校组成的少数民族传统体育校际保护联盟"②。在高校，广西艺术学校、河池学院艺术学院、百色学院音乐与舞蹈学院还将壮族武术文化融入舞蹈艺术创作，武艺风格的推陈出新使得创作者赢得了大奖。一句话：

---

① 付庆民. 广西百色边防官兵学习壮拳 增强搏击实践能力 [EB/OL]. (2017-05-09). http://www.legaldaily.com.cn/police_and_frontier-defence/content/2017-05/09/content_7144857.htm.
② 邵钰琪. "一带一路"中壮族传统武术的"文化纽带"作用 [J]. 广西教育学院学报，2016（6）：28-31.

地方文化挖整背景下,壮族武术文化无论是在民间还是在学校等教育场域中已然成为生活日常的组成部分。

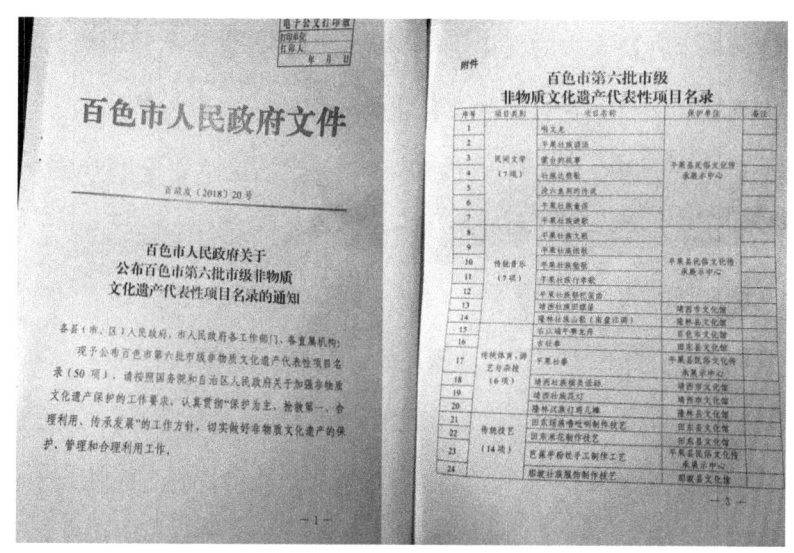

古壮拳成为百色市市级非物质文化遗产

第三节　壮族武术文化变迁的历史动因透视

法国年鉴学派的整体史观认为,历史是一种合力的作用。就是在分析思维上,"反对割裂自然和社会现象,倡导打通史学和社会科学的壁垒,突破文化决定论、经济决定论、地理决定论的单向思维,提倡全面的或整体的历史才是认识与把握文化变迁的客观手段"①。因此,探察壮族武术文化变迁动因的底色还须整体上的综合分析。而"创新是所有文化变迁的基础"②,意即壮

---

① 王晓晨. 学校武术教育百年变迁研究(1915—2015)[D]. 上海:上海体育学院,2017:87-88.
② 伍兹. 文化变迁[M]. 何瑞福,译. 石家庄:河北人民出版社,1989:23.

族武术在不同时代、不同价值凸显的文化创新、不同功能的时代呈现也就是各种动因相互激荡、博弈、平衡后的结果。

首先,文化主体需求的变化。格尔茨在其《文化的解释》中指出:事物的文化意义与当时社会中的文化主体所需要的文化意义不和谐或者紧张时,事物的文化变迁就会朝着有利于文化主体思维模式和行为模式的方向发展,当然这也是文化变迁的逻辑起点和根本动因。壮族武术文化作为基于稻作文明的身体文化,在实用理性中其本质更多凸显为功能性装备。因此,壮族武术文化在源发期的武装战力、宗教信仰中的宣泄手段及生活日常中的教育资本等呈现都表明壮族武术文化是在满足族群的需求中得以逶迤前行。

其次,消费社会环境的变化。就像鲍德里亚所指出的那样:"要成为消费的对象,物品必须成为符号。"① 媒介的更替、信息的爆炸,壮族武术也由原来实实在在身体技术升腾为文化符号,表现出由"物"至"符号"的抽象而系统化的过渡。壮族武术随着时间的推移由格斗技术与宣泄手段到成为教材上图片与文字的教育资本的流变与由壮人组成的消费社会环境的变迁息息相关。

再次,经济发展中生产方式的调整。壮族武术文化作为壮人的传统身体文化,理应在壮人恋土保守的性格中得以恰切传承,但经济发展中的生产方式变了。当壮族武术不再是经济洪流中的"枝头俏",也就面临着被淘汰的境遇。"爷爷教拳要是收徒弟学费,咱家里早就是这条街最富的了""没时间学,学了也不能当饭吃"②,恪守古训、弟子五千、曾经风光无限的壮族武术大师农式丰在面对当今生产方式改变的情况时也难逃扼腕垂泪、无奈孤独的命运。

---

①鲍德里亚. 消费社会 [M]. 南京:南京大学出版社,2001:222-223.
②肖春飞. 壮拳大师好困惑 [N]. 新华日报,2000-08-07(8).

本章小结

在今天看来，每一个地区的优秀传统文化遗产，都不应是僵死的橱窗标本，而应该是一个动态的文化宝藏，对其开发和利用，理应以新时代人民的需要为本，这才是其最大的现实意义。基于此，考察壮族武术的历史变迁，透视这一古老边陲拳系的历史成因、传播状态和教育价值，不仅能够深入了解其作为优秀传统文化对新时代文化与体育发展的意义，同时，为习近平总书记提出的全民参与、全民健康、全新形象、全球定位和全面发展五个方面的体育思想精髓的对接提供有益的参考。

第二章
知识考古视角下壮族武术形成的逻辑起点寻绎

在田野调查中，访谈了壮族武术的主要传承人，地方文化馆、博物馆、体育局等部分工作人员，初步掌握了壮族武术的发展情况。壮族武术是广西少数民族传统体育的一个代表性拳种，是壮族群的发展史，反映了壮族群的生存环境、经济状况、社会政治环境、价值观念等，记载着壮族群发展演变的历史过程。对壮族武术形成的逻辑起点研究，意在揭示壮族武术与战争的关系，有利于我们认清壮族武术形成的根源、发展的动力、消亡的原因、残存的理由，以及对现存壮族武术发展的启示，还有利于现代人理解现存壮族武术在传统社会时期的重要意义和保护壮族武术的重要性。

第一节　壮族武术概览

1976年广西贵县罗泊湾出土的西汉时期的漆绘铜盘上有4组技击人物形象，有兵器交锋、徒手搏击等功架，展示了当时广西少数民族武术发展形态，其中壮族武术最为突出。"壮族武术主要流传于南宁、河池、百色、柳州、钦州、玉林等地区。壮族武术现存拳术套路35种、器械壮族武术14种、对练壮族武术套路2种,攻防讲究其拳械力主架实、劲猛、变化灵活快捷、发力与气合一、进退以四门为经,适合山区演练等特征"①。现在壮族武术已经在第4届全国少数民族运动会上被列为正式比赛项目,并在第5届全国少数民族运动会上把女子壮族武术也列为正式比赛项目。可见壮族武术在少数民族中的重要性和地位。

西汉漆绘铜盘及上面的图案

(西汉漆绘铜盘,高13.5厘米,口径50厘米;摄于广西壮族自治区博物馆。该盘外周漆画绘有4组18个技击的人物形象,包括徒手搏击、器械交锋、徒手对打、持器械相击等形式,再现了当时武艺的精彩场景,形象地反映了当时战国末期与西汉初期广西壮族地区的生产活动)

从壮族岩画史料记载看壮族武术可以追溯到战国时期,岩画本身大约是唐代宗777年至唐宪宗元和年820年,在桂西南广为流传。据《宁明州志》记载:"花山岩画上有裸体人形或持干戈、或骑马、或摆阵法等",此类岩画在广西左江等沿江两岸的崖壁上都可以看到。岩画反映了壮族武功最高"都老"的练功架势,这与现代流传左江流域的壮族武术练功法相似;岩画中

---

①刘德琼.少数民族传统体育[M].桂林:广西师范大学出版社,2000:193-194.

"战阵"展示的环首刀、剑等是壮族武术惯用的器械,从岩画可知这一时期壮族武术已经与战争融合了。韦晓康对左江岩画与壮族武术的关系研究认为:"这类岩画的作画时期在战国早期至东汉末,岩画中手拿刀剑或佩戴刀剑的'都老'指挥武士练功,一招一式威严整齐,训练有素配合阵法使用刀剑和拳法,为了战争取胜凸显武功架势,可见当时战争的频繁和壮族武术对提高军事力量的作用,这些在岩画中都能够反映出来。"[1]

根据《广西通志·体育志》(1989年)记载:"广西壮族武术现存套路有:擒功大王拳、霸王锤、梅花桩拳、踢打四门、三桥手、三打罗汉拳、打虎拳、天字功、飞天字功、白鹤文之、阴阳定妖、小太极、扦拳、小反步、跌马归栏、八仙过海、山林伏虎、金刚扫地、龙腰虎背、猴子挂南山、大百步、板狗杠、捆桩、十八桩、擒桩、双眼勾局、白鹤晒翅、凤凰抓地、乌鸦晒翅、龙头凤尾拳、莲花拳、雪花盖顶刀、八卦榔棍、白鹤棍、铁线棍、九子连环棍、春秋大刀、三指铁钯、鱼尾叉、标、长板护身凳、八卦榔棍对练、三叉耙头、棍对练等形态。"[2]

《壮族百科辞典》(1993年)体育类篇指出:"壮族武术是中华武术中比较具有代表性的一个拳种。动作剽悍粗狂、形象朴实、功架清楚准确、沉实稳健、拳势刚烈、多短打、擅标掌、少跳跃,常采用站桩打沙袋、打树桩、抓石抹、手走梅花桩、七步铁线基本桩功等壮族武术练功方法。现存壮族武术套路有:擒功大王拳、霸王锤、踢打四门、三打罗汉拳、梅花桩拳、摔跤手等35套;壮族武术器械套路有:九子连环棍、铁线棍、白鹤棍、八卦榔

---

[1] 韦晓康. 从广西左江岩画看壮族传统体育文化的远古渊源[J]. 中央民族大学学报,1994(3):67-68.
[2] 广西壮族自治区地方志编纂委员会. 广西通志·体育志[M]. 南宁:广西人民出版社,1989:72.

棍、雪花盖顶刀等14套；对练套路有：三叉耙头对棍、八卦榔棍对练2套等。"①

壮族武术的招式多为象形动作，是壮族群在狩猎中观察、模仿动物的姿态和特征，并随着壮族武术的实践深入，形成了狮、马、象、虎、猴五形，逐渐形成了壮族武术十形。同时，由于壮族武术强调实战性，壮族群把生活中的棒、刀、棍、扁担、板凳等运用到壮族武术中，突出了实战性和壮族群的生活特点。有学者认为："壮族武术的形成受到壮族群的气质特点、族群差异、族群需求、地理环境、经济条件、地方政治军事等多方面因素的影响，形成了粗犷、朴实、刚烈、实战等特征的壮族武术。"②

第二节 壮族武术形成的逻辑起点

一、自然环境

在传统时期广西是多族群杂居的地区，区域内除壮族群外还有苗、瑶、水、仫佬等13个族群，且区域内多为山地丛林，交通不便，信息不通，资源有限，这种相对闭塞的自然环境直到新中国成立后才有所改变。区域内过着刀耕火种、狩猎的生活，并形成了族群宗教文化和稻作文化。各族群将有水可以灌溉之地称为田，无水灌溉只能靠天降雨之地称为地。族群为了田、地、水源、狩猎等自然资源，常发生利益冲突。在壮族武术的形成上，一部分研

---

①潘其旭，覃乃昌. 壮族百科辞典 [M]. 南宁：广西人民出版社，1993：610.
②杨琴. 广西壮族武术研究 [J]. 搏击，2011，8（9）：52-53，68.

究者认为是"原始部落（族群）之间为了争夺自然资源发生利益冲突，爆发集体冲突而产生的"，而冲突发展成采用战争武力方式解决问题，加速了壮族武术的发展。正如有的研究者认为，"壮族群与其他族群之间经常发生大规模战争"一方面为了自保，保护自己的领地、水源、猎物和田地；另一方面是攻打其他族群，为了获得更多的领地、水源、猎物和田地等。慢慢形成了远战用弓弩箭或投掷器，近战用棍棒、叉、钯、刀剑、斧头等，器械（兵器）丢了用拳、肘、膝等特点。能够有利于战胜对方的一切东西都有可能用作武器，并且在战争中不断积累实战经验在族群内交流传承下来，形成多短打、少跳跃、擅标掌、主动出击、以攻代守等特色的"壮族武术"。可见壮族武术特色形成的逻辑起点与壮族群生存的自然环境与社会文化环境有密切的关系。

桂西壮族聚居区的大致地貌特征

二、族群需求

可以说战争是壮族武术发展的动力，也是壮族武术形成的逻辑起点，族群需求使战争中的壮族武术生活化、民俗化、习惯化、常态化。一方面有战争时则族群男女老少都要出动,不能直接参战者负责后勤与伤者;另一方面无战争时则做好备战准备。士兵每天列队操练备战,分为远距离作战练习和近距离作战练习,并以近距离作战演练为主。近距离作战练习又以对抗练习为主,如双人对练和站桩练习、打树桩、抓石抹等。

壮族远古战争发生情景的舞台照

同时,在壮族群节庆与宗教祭祀活动中进行拳术表演和比赛,并且允许亲戚朋友在旁边"支招",借此发展壮族武术、传播壮族武术,也是族群内部村寨与村寨、家与家等之间矛盾的主要解决方式。所以,族群练习壮族武术一方面维护自己利益,另一方面备战族群之间的战争。这使战争与备战融入了族群的生活,使战争中形成的壮族武术生活化、民俗化、习惯化,这种族群观念的需求致使壮族武术项目的形成,并慢慢随着社会的发展和族群需求的变化发生了从战争、备战到健身、娱乐的转变。

三、社会政治环境

新中国成立以前,传统时期少数民族地区族群众多,为了争夺有限的自然资源,利益冲突成为原始部落或族群战争爆发的主要诱因,而当时社会政治环境比较复杂,当局官方采用的"羁縻职官制度是以皇权统治为核心的封建王朝对少数民族地区实行的基本民族政策,元明清时期少数民族土司制度是诸朝历代羁縻职官制度的进一步发展和深化,土司制度是将少数民族纳入统一职官制度管理的过渡时期,开始于元代,盛行于明代,衰落于清代,残余一直延续到新中国成立"[1]。然而,尽管"清代创建的土司分袭制度在一定程度上减少了各地土司引争袭而引发的战争"[2],反过来发现,元明清时期的土司制度并没有减少原始部落或者族群之间因为利益冲突引发的战争,反而增加了土司之间的战争和土司内部争袭发生的战争。而在广西南丹县就有莫氏土司、黄氏土司、郁氏土司、卢氏土司、黎氏土司、罗氏土司等壮族土司,多次发生土司内部争袭战争、土司之间争夺地盘战争、土司之间仇杀战争、土司与其他族群之间的战争,以及土司被内部或者其他族群逐杀驱赶战争等[3],而南丹县只是少数民族土司制度的一角,其他少数民族土司制度也是如此。这些错综复杂的社会政治环境致使壮族武术在战争中讲究实效。直到土司制度瓦解、新中国成立后,壮族武术不再用作训练士兵的内容,壮族武术

---

[1] 张晓松. 论元明清时期的西南少数民族土司土官制度与改土归流 [J]. 中国边疆史地研究, 2005, 15 (2): 78-84, 147, 148.

[2] 李良品. 清代土司分袭制度的生成逻辑与构建路径 [J]. 中央民族大学学报 (哲学社会科学版), 2018, 45 (2): 86-92.

[3] 杨海晨, 王斌. 从工具到传统: 红水河流域"演武活动"的历史人类学考察 [J]. 北京体育大学学报, 2015, 38 (10): 14-22, 36.

一部分演变成民间舞蹈与宗教祭祀表演,一部分演变成地方壮族武术①。

广西忻城土司文化陈列馆

(2018 年 7 月 10 日摄于广西忻城莫氏土司旧址)

四、古代军事格斗

战争是壮族武术发展的动力。在 2000 多年前,古骆越人(一般认为壮族是骆越人和古西瓯人的后裔)在花山岩画上绘制的生动饱满的壮族人物形象多为打拳、屈膝半蹲、提膝、举手、肘击、转体等身体动作与模仿动物的现象动作和列队、阵法演练等备战操练的集体作战架势,为最早的壮族武术始于战争的资料证据,这时的壮族武术动作简朴有力,多用拳、肘、膝、脚、咬等近距离作战手法,凶狠血腥。花山岩画集中展示了骆越人排兵布阵、阵法演练、宗教祭祀、备战操练等活动②。因此,壮族武术被称为"南蛮拳",以攻为守。这一时期是族群混战的时期,族群利益争夺是战争爆发的主要原

---

①杨琴. 广西壮族武术研究 [J]. 搏击,2011,8(9):52-53,68.
②董先辉,何卫东,董必凯,等. 广西花山壮族武术及其文化传承的人类学辨析 [J]. 体育科技文献通报,2017,25(6):31-33,36.

因,为了在战争中取胜,壮族群时刻进行操练备战,还从自然界动物的动作中模仿了许多象形动作。

花山岩画的艺术活化及其记录的壮族武术文化信息

随着战争的升级,壮族武术发展成远战(弓弩)和近战(兵器战与丢失兵器肉搏战)2种实战模式。无论是原始部落或族群之间的战争,还是元明清时期土司之间、土司内部、土司与其他族群之间的战争,壮族武术在战争中可以极大地提高战斗力。在壮族武术历史上,抗击外来入侵者也是屡建奇功,涌现了一批壮族民族英雄,如壮族首领侬智高、抗倭女英雄瓦氏夫人、戚继光抗倭等历史人物和故事被当地人代代相传,推动了壮族武术的发展,赢得了"狼兵鸷悍，天下称最"的美名。此时壮族武术有强身健体、御敌防身、除暴安良、抗击倭寇的功能。随着土司制度的瓦解和战争中火器的使用，源于战争的壮族武术慢慢退出了战争的舞台，演变成民间舞蹈与宗教祭祀表演，并融入了民间"南壮族武术"，但是依然可见壮族武术种类的繁多，依然蕴含着军事操练、阵法，战争、击倒、致死的意图依然十分明显。

第三节 历史经验对当今壮族武术发展的启示

以史为鉴，面向未来是当今壮族武术发展的基本策略。只有理解了壮族武术的发展历史，切实结合当今少数民族发展形势，才能够更好地制订出当今壮族武术发展的蓝图。

一、壮族武术发展要适应自然环境的变化

壮族武术生成于山高林密自然环境下的战争，自然环境决定了壮族武术多短打、少跳跃、擅标掌、主动出击、以攻代守等特点，同时，壮族武术还具有民族性、民俗性、区域性、实战性等特点，并在自然环境狩猎过程中形成了狮、马、猴、象、狼、虎、鹤、豹、蛇、彪等壮族武术十形。壮族武术凝聚了壮族群与自然战斗、与其他族群战斗及族群内战斗等的历史产物，是壮族群在战争中总结的生存之术。所以，发展壮族武术要注重壮族武术的生态化发展，壮族群现在远离了原来生存的山高林密的自然环境，壮族武术的生存环境也发生了变化，原来壮族武术的多短打、少跳跃等特点，随着自然环境的变化也将向更舒展、更流畅、多跳跃等发展。

二、壮族武术发展要满足当下族群的需求

传统时期壮族群为了生存争夺有限的自然资源，发生利益冲突而战争，其目的是保护自己的资源和得到更多的自然资源以求族群的生存。传统时期刀耕火种的生活方式已被当下的现代化、城市化、工业化社会代替，族群需要发生了从争夺生存资料到争取生活质量的根本变化，这使壮族武术在族群生活中的战争需求减少或消失，壮族武术失去了保护族群和自然资源的战争空间。所以，根据族群需求的变化，应扩展壮族武术的发展空间，着力提升壮族武术的健身功能、娱乐功能、社交功能等，发展壮族武术在群众体育中的作用，从身体、心理、娱乐、交流等方面，搭建群众体育社交平台，促进族群生活质量的提升，满足和平年代族群发展的新需求。

三、壮族武术发展要适应社会政治环境的变化

战争是壮族武术发展的动力，是壮族武术形成的开端，也是壮族武术传播的平台。土司制度把壮族武术推向了高潮。伴随土司制度的瓦解，战争中的壮族武术也消失了。新中国成立后进入和平年代，生存于战争中的壮族武术失去了生存的空间。所以，在和平年代，要建构壮族武术发展的新空间：从战争领域向地方旅游业发展，增加壮族武术的表演性、观赏性、娱乐性，如在景区模仿战争中壮族武术的形式、阵法等，彰显壮族武术在民族节庆时的表演性与观赏功能；从战争领域向社会武馆发展，提高大众健身需求，发展女子壮族武术防身术，如增加狮、马、猴、象、狼、虎、鹤、豹、蛇、彪等壮族武术十形在群众中的健身娱乐功能；从战争向校园发展，丰富校园文

化生活，如陈庆文、谢清理等已经将壮族武术融入幼儿园，发挥壮族武术在幼儿体育中的作用。

四、壮族武术军事格斗价值的现代传承

壮族武术形成于战争，经过练习它提升了士兵的战斗能力。因此，发展壮族武术要发挥壮族武术的军事格斗价值，壮族武术可以走进警察、特警、武警、保安等职业，发挥壮族武术的军事格斗价值，提升警察、特警、武警、保安的格斗能力，在警察、特警、武警中传承壮族武术。就像百色市武警部队邀请壮族武术大师刘志岩到武警部队传授壮族武术擒敌搏击技术一样，传授武警战士"壮族武术秘诀"和"壮族武术十三式"等，加强了武警部队的军事素质和反恐擒敌的能力，提高了武警维护社会稳定、打击违法犯罪等的行动能力，满足了武警战士在实战中格斗厮杀的需求，在武警部队传承了壮族武术，在现在社会中发挥了壮族武术的军事格斗价值。

本章小结

壮族武术可以追溯到西汉时期，从广西花山岩画和广西壮族土司制度中发现，壮族武术起源于"战争"，而狩猎过程中模仿、学习动物的动作是壮族武术技术创造的源泉之一，更多的来源于长期战争搏斗过程中的技术总结。这也说明了壮族武术以实用、实战、致死、致残为目的，且多以肘、膝、拳和兵器为主，腿为辅。壮族武术的发展源于壮族土司制度也随着土司制度的瓦解而消失，所以，在一定程度上可以说，壮族武术形成的逻辑起点是"战

争",并且"战争"是壮族武术发展的动力、传承的舞台。壮族武术反映了广西壮族群的一段土司历史文化,而现在壮族武术隐含在壮族节事里和宗教祭祀活动中,能够帮助我们理解壮族武术的形成于战争,随着土司制度的消亡和战争中火器的运用而逐渐消失。壮族武术就是一部壮族群的发展历史,而不仅仅是壮族群的一项传统体育项目,要提高对壮族武术文化的认识度。传承壮族武术,更要加强壮族武术的文化传承传播,如族群混战、土司战争、战阵演练等,传承一个完整版战争中的壮族武术形象。

第三章
壮族武术技术特征的文化阐释

壮族武术属于广西壮族自治区的壮民族传统武术项目，其形成与发展可以追溯到秦汉时期的骆越、西瓯，是古代土司训练狼兵所采用的一种军旅武术。壮族武术的动作朴实、粗犷、势烈，拳术上主要强调拳打、脚踢、肘击、膝顶、撕咬的使用。到明代，壮族先民组成的狼兵军队声誉达到了巅峰，壮族巾帼英雄瓦氏夫人率领狼兵打破倭寇不可战胜的神话，为保家卫国立下了赫赫战功，明代皇室文献《明英宗实录》卷三十五记载："狼（俍）兵素勇，为贼所惮。"[1] 但是，随着朝代的更迭与时代变迁，壮族武术的发展却逐渐衰退，甚至濒临消失，其风格特点也逐渐向南拳化方向发展；相反，作为同源的泰拳发展却如火如荼，这种鲜明反差是壮族武术发展至今的历史写照。如何让人们清晰地了解壮族武术特征的形成与发展？它的文化基础和文化底蕴又是什么？本章旨从特定的历史、地域、宗教等文化层面对壮族武术特征的形成与发展进行深入解析，以期增强人们对壮族武术保护、传承与发展的文化意识，从而拯救这弥足珍贵的民族传统武术项目。

---

[1]黄彰健. 明实录［M］. 北京：中华书局，2016：1.

广西宁明花山岩画

(绵延不绝的左江数百公里的悬崖峭壁上有着规模宏大、场面壮观的壮族祖先留下的岩画,其中以广西宁明花山岩画最为出名。据文化人类学家研究,里面记录了壮族祖先的生存、祭祀、战争等情景,据传有壮族武术的雏形动作元素。2016年10月摄于广西崇左市宁明县花山风景区)

第一节 壮族武术形成的历史渊源与技术特征

一、壮族武术形成的历史渊源

恩格斯在《劳动从猿到人的转变过程中的作用》中提出:"劳动是整个人类生活的第一个基本条件。"① 壮族武术的形成与壮族人民生产劳动有着密切关系,是经过壮族人民原始狩猎、农耕、部落间的战争逐渐形成的。自秦汉以来,以壮拳为主的壮族武术不断地应用于军事战争,《淮南子》卷十八《人间训》记载:"秦始皇派50万大军南征五岭,将士三年不解甲弛弩,与越人战,杀西呕(西瓯,壮族的先民)君译吁宋,越人皆入丛薄中,于禽兽处,

---

① 恩格斯. 劳动从猿到人的转变过程中的作用 [M]. 北京:人民出版社,1949:6.

莫肯为秦虏。"① 之后，著名的壮族英雄侬智高将壮族武术发扬光大并广泛用来训练狼兵，宋仁宗庆历年间，南下汉人将士因壮族武术的野蛮凶猛，皆贬称此拳种为"南蛮拳"。据《赤雅·狼兵》记载："狼（俍）兵鸷悍，天下称最。"② 明孝宗弘治十年，壮族女英雄瓦氏夫人将这古老朴实的壮族武术兵法由"侬智高三人组"创新到"岑家七人组"，使壮族武术兵法达到了新的高度，同时糅进了北方长拳功架，丰富和拓展了壮族武术技法。抗倭名将戚继光、俞大猷将壮族武术技法融入抗倭队伍的训练，据《筹海图编》卷十一记载："择其最骁勇者，各照狼兵兵法编为队伍，演其技艺习其劲捷。"③ 这些历史记载不仅体现了壮族人民顽强的拼搏精神和不屈不挠的民族气节，更体现了壮民族超强的军事技能和武术技艺。因此，壮族先民在壮族武术发展过程中不断实践总结，将行之有效、特色突出、具有较强攻击力的技术提炼出来，并结合其独特地域特点不断完善，逐渐形成了具有强烈攻击力的优秀拳种。

二、壮族武术的技术特征

壮族武术是壮民族的武术，跟壮民族发展有着密切关系。由于历代王朝对壮民族的治理或征调而发生的军事战争、独特的民族生活地域环境及其人体形态的个体差异等因素，壮族武术在发展过程中形成了特有的技术特征：壮族武术动作拳式刚烈、出拳准确、粗犷彪悍；壮族武术运动形式多短打、少跳跃，以壮语发声吐气助长发力；壮族武术技法运用除了强调拳、脚、肘、

---

① 黄现璠，黄增庆，张一民. 壮族通史 [M]. 南宁：广西民族出版社，1988：11.
② 邝露. 赤雅 [M]. 上海：商务印书馆，1936.
③ 郑若曾. 筹海图编 [M]. 北京：中华书局，2007.

膝、咬，还注重挖眼、锁颈、插阴、碎骨等杀敌技艺；壮族武术礼仪独特，其拳舞具有浓重宗教色彩，师徒传承独具特色；壮族武术这种原始、凶狠、强悍的技术特征和神秘的拳礼给人以深刻印象。壮族武术是具有杀伤性的战场格斗术，注重技术的实用性，动作演练却达不到现代武术的审美标准，如现存的昂拳（昂，在壮语中指凶狠的），一般采用低势式，半弓步，低头弯腰的动作较为频繁，表演起来就是"低头哈腰鬼头鬼脑，无弓（步）无马（步），快慢无章，类似猴子满山跑"（古壮族武术传承人唐曲的总结）。目前，壮族武术属于南拳流派，由徒手套路、器械和对练3类组成，现存拳术套路有昂拳、擒功大王拳、霸王锤等35种；现存的器械有雪花盖顶刀、八卦榔棍、白鹤棍等14种；现存的对练套路有八卦榔棍对练和三叉耙头对棍2种，壮族武术已选编入《中华拳械录》一书。现代壮族武术各种流派的代表人物有：桂南龙州农式丰、钦州覃明高和谭永能，桂西北的宜山蒙国栋，桂西的田阳黄大略、李永茂、黄祖全等[①]。

第二节　壮族武术技术特征的文化解析

一、地域文化氤氲

（一）独特的自然环境

壮民族主要生活在广西境内，广西位于我国南疆，属于亚热带季风气候，

---

① 黄宗峰. 桂西北少数民族民间武术的传承与发展研究——以壮拳为个案 [J]. 当代体育科技, 2017, 7（16）: 205-206.

气温高、雨水多,地形属于典型的喀斯特地貌,丘陵山地遍布,境内河流纵横,山高林密,层峦叠嶂,有"八山一水一分田"之称。广西的地域特点决定了壮族武术战斗的方式方法,其山地、山林、江河的特殊地域结构发挥着重要作用。

多山。壮民族多生活在山岭区域,山区面积约占广西土地面积的76%[①],山路多崎岖狭窄,坡陡崖多,日常行动需要较强的下肢力量来支撑,上山、下山需要身体前倾和后仰来保持平衡;此外,在山区里打仗,腿是用来平衡的,在日积月累的生活劳作和山区战斗中,壮民族逐渐形成了稳定的低架势腰腿力量,所以壮族武术下盘稳固,多低架势,有低头弯腰的特点。

多水。广西境内河流纵横,有红水河、左江、右江、柳江、桂江、西江等较大的江河。古时壮民族长期在水上生产生活,再加上气候炎热,壮族人民普遍喜欢赤膊、赤脚,袒胸露背,这使得壮族人民在壮族武术练习和反抗压迫的斗争中也是赤膊露臂,裸露上体。在船上生活,要想使身体稳定,就必须两腿分开,重心下移,这样才能做到身体稳定,主要活动就需要上肢来完成,需要锻炼上肢的力量与灵活性,反映在壮族武术上就是跳跃动作少,短打动作多,强调桥手的应用。长期的船上生活与劳作,使壮族武术逐渐形成少跳跃、多短打、以气促力的特征。

多丛林。由于湿热多雨,广西境内植物丛生,丛林覆盖,壮民族在长期的丛林狩猎过程中观察动物的蹲卧、站立、奔袭、打斗的姿态与特征。如模仿豹的跳跃、鹤的轻盈、蛇的柔性等,后来壮族武术拓展了狮、象、猴、马、虎五形,形成壮族武术十形,所以壮族武术出拳迅速、准确,动作犹如猛禽狂兽般粗犷、刚烈。

---

①黄现璠,黄增庆,张一民.壮族通史[M].南宁:广西民族出版社,1988:11.

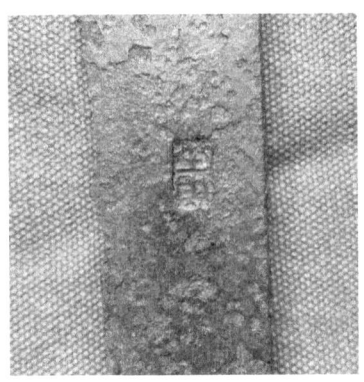

老壮用的破甲战刀

(二) 壮民族的性格特质

斯大林在《马克思主义与民族问题》中曾明确指出:"民族是历史上形成的一个有共同语言,有共同地域,有共同经济生活以及表现于共同文化上的共同心理素质的稳定的人民共同体。"① 民族的性格特质在地域与文化相互影响过程中逐渐形成,壮民族也在长期的发展过程中形成本民族的性格特质。

勤劳勇敢,不屈不挠。广西全境温湿多雨,山岭崎岖,丛林密布,长期生长在这里的壮民族别无选择,为生存发展就必须与恶劣的环境作斗争,在毒虫猛兽、风涛险恶的自然环境里拼搏求存、艰苦奋斗,这就养成了壮族人民勇敢强悍、不屈不挠的精神特质。壮族武术伴随民族发展也成为一种民族生存的独特方式并不断形成与发展。在这样恶劣的环境中,壮族武术动作就彰显出凶狠粗犷、拳刚势烈、一招制敌的特点,再加上对历代王朝激烈不屈的反抗斗争,壮族武术越发形成独具一格的强悍、血腥的拳法,出拳时伴壮语发声,借声气催力。因此,壮民族一直也有"西原蛮""南蛮"之称,壮

---

① 斯大林. 马克思主义与民族问题 [M]. 延安:解放社,1949.

族武术也有"南蛮拳"之称。

朴实无华,追求实效。原始壮民族社会生产力落后,土地贫瘠,与外界接触较少,壮民族秉性务实,做人做事不拘条款,注重实效。壮族武术同样具有古朴实用特征:拳法上除拳打、脚踢、肘击、膝顶外,还有肩挑、头撞、口咬、挖眼、锁颈等各种招式;器械中除双刀、棍棒等武器外,还有板凳、扁担等劳动工具;招式名称上有"吗都奴"(汉语:狗撒尿)、"山羊顶角""螃蟹捉虾"等,这些都是壮族武术特征的朴实之处。

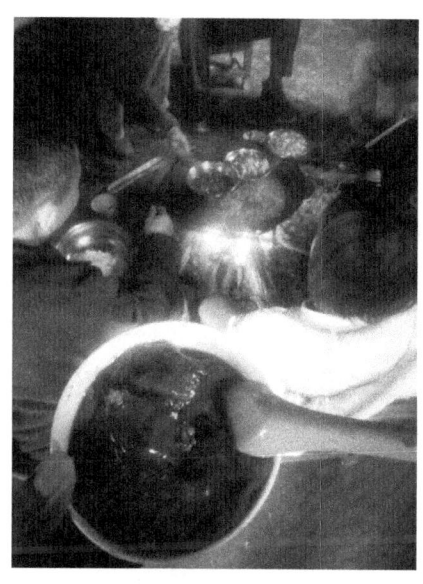

壮族沿袭至今的食生文化

(2016年摄于南宁武鸣壮族聚餐)

(三)身体形态特征

中国北方气候严寒,在一定程度上塑造了北方人身体高大健壮的特点,但相对较为笨拙,所以北方的拳术多为大开大合、势大力沉,如少林拳。广西属于南方,南方人种矮小灵动,但力量上不如北方人种。从人类学上分析,由于自然地理环境对人的体质的影响,南方人体形态相对北方人普遍矮小①。因此,壮族武术擅长快速移动腾挪,不跟敌人死缠烂打拼力量,特别是在山间丛林作战时,快速灵活的机动性是制胜的关键,要战胜强敌,依靠的就是出奇制胜,找准机会,一击必杀,以这样的方式来弥补先天不足,以达到克敌制胜的目的。这种战斗思路决定了壮族武术的动作特征:移动迅速,出拳准确,多短打,少跳跃。

壮族青少年在广西"三月三·民族体育炫"活动表演壮族武术后的集体合影

(2019年摄于百色市)

二、军事文化促成

(一) 历代反抗战争

"战争是军事的核心内容,是人类社会发展到一定历史阶段才出现的特殊

---

① 梅杭强,邱丕相. 武术套路形成根源的人类社会学研究 [J]. 天津体育学院学报,2005(1):31-33.

社会现象"。普鲁士杰出军事家克劳塞维茨在其著名的《战争论》中提出："战争无非是政治通过另一种手段的继续。"[1] 壮族是一个富有光荣革命传统的民族，在历代王朝更迭中，壮族人民都举行过反抗当时封建王朝残暴统治的武装斗争：公元前 219 年，秦军开始对南方百越民族进行征服战争，爆发秦瓯战争，即秦国与壮族先民西瓯部落的战争；唐代黄乾曜、真宗郁领导的武装起义；宋代侬智高领导的农民起义；明代景泰年间（1450—1456 年），由古田壮族贫苦农民韦朝威、秦万贤领导的古田农民起义；清代洪秀全领导的太平天国起义[2]。特别是近代，1885 年，清政府对外战争唯一一次取得胜利的镇南关大捷，靠的就是广西狼兵的威猛。广西临近越南，是古代封建王朝和越南的战争主场。这些武装斗争持续时间长、影响深远。革命斗争都是在历代王朝的残暴统治和压迫下，甚至抵抗外敌入侵时爆发的，在这样残暴统治、压迫的环境下，壮族人民要想生存，就必须拥有适合战斗的必杀技来进行反抗斗争。所以，壮族武术凶猛刚烈、血腥强悍、讲求本能，壮族武术的厮杀格斗招式都是战场上所需要的风格，而且往往是以重创、致残对手为原则。据说，初练壮族武术者，开始会被师傅关到房间里让其他徒弟厮打来激发练拳者的身体本能，这种潜在的本能一旦释放爆发，便威力惊人。

（二）土司军事训练制度

土司制度最早源于秦朝在边远山区设立的土官世袭制，隋唐时称"羁縻制度"，宋王朝平侬智高起义后，为便于统治，设立土司制度。这种"以夷制夷"的间接统治缓和了中央与边疆少数民族之间的矛盾，并在之后的朝代中

---

[1] 克劳塞维茨. 战争论 [M]. 北京：商务印书馆，1982.
[2] 张延庆. 从土司的军事制度看壮族武术的发展 [J]. 中央民族大学学报（哲学社会科学版），2005（5）：92-95.

一直沿用。土司又称狼官，土兵也称狼（俍）兵，狼兵是土司的农奴，完全听从土司的命令，没有任何的权利和自由，这些狼兵闲时耕种田地，战时训练杀敌。自狼兵实行军事制度以来，壮族武术也由民间转入军队，以适应大规模作战的需求。严酷的土司军事训练制度加强了狼兵作战的时效性，其中以土司瓦氏夫人率领的狼兵抗击倭寇最为有名。瓦氏田州土司兵例："七人为伍，每伍自相为命，四人专注击刺，三人专注割首，所获首级，七人共之，割首之人，虽有照护主击刺者之责，但能备杀向前，不必武艺之精绝也。"①这种组织严密、纪律严格和赏罚严明的奇特战术本质上是壮族土司残酷的"连坐法"制度管理的延伸，这种集体负责的管理制度使士兵在作战时"一人退却，则一人被斩首；全队退却，则队长被斩首；队长殉职而全队退却，则全队被斩首"②。由于狼兵没有权利和自由，完全服从土司的命令，这样严酷的土司军纪就被很好地执行下来，使狼兵具有彪悍的作战风格和顽强的作战意志，并形成相应的壮族武术风格特征。狼兵因作战勇猛，故被后人称为"狼兵"。瓦氏率领的狼兵与明朝官兵共同抗倭取得了显著成效，以至民间流传"花瓦家，能杀倭"的俗语。在抗倭的过程中促进了民族间的武术融合，壮族武术吸收了北方长拳的特点，融入北拳功架，因此，现代壮族武术又隐含了一些长拳技术风格。

（三）社会治安环境

广西地属边陲，环境恶劣，条件艰苦，民风剽悍，一直远离中国封建社会的政治中心，经济文化发展相对落后。秦汉时期，秦始皇统一岭南后，设

---

①李良品，李思睿．土司时期西南地区土司兵的军事训练［J］．云南民族大学学报（哲学社会科学版），2013，30（6）：77-82.
②同①。

置桂林、象、南海三郡，并以"谪徙民五十万戍五岭，与越杂处"①。到汉代，郡下设县，并派遣官吏建立严密的封建政治秩序和生产关系。由于封建王朝严酷统治，以及对壮民族的偏见与压迫，使民族间矛盾复杂、战乱频发，斗争激烈，匪盗猖獗，再加上土客民族之争，村落、宗族之间的利益之争，社会环境治安极不稳定。英国理性主义传统的奠基人托马斯·霍布斯曾提出丛林法则：设想每个人的生活都是在"贫穷、孤独、肮脏、残忍和短命的无政府的丛林中，人之间没有分界，没有法律，没有惯例，所有人都不惜牺牲别人以让自己生存②。这样野蛮、落后、动荡的社会生存环境极易形成人们好勇斗狠、以暴制暴的极端思想，壮族武术也正是在这种极端思想的影响下向凶猛、血腥、残暴的格斗方向发展。动荡的社会环境给壮族武术的发展提供了广阔的生存空间，习武自卫成为人民安居所需和独特的民族习俗，如明代时期，壮民族的男孩长到十几岁的时候就要学习武术技艺。

三、宗教与伦理文化浸润

（一）壮民族原始宗教

壮族宗教为《布洛陀经诗》，民间亦称为《麽经布洛陀》，是壮民族的原始宗教，论述了天地日月的形成、人类的产生、各种物种的来源，以及远古人民的社会生活。当战争爆发时，狼兵出征前要进行祭拜仪式，部分师公舞蹈（巫师唱念《布洛陀经诗》跳的舞蹈）中也包含了一些古代壮族武术的招

---

①卢云. 区域控制与历史发展——论秦汉时期的政治中心、文化重心及其相互关系［J］. 福建论坛（文史哲版），1987（4）：19-24.
②霍布斯. 利维坦［M］. 上海：商务印书馆，1985：9.

式。在古壮族武术的起式中有一段拜师式,即拜祭先人、先师或师公的舞蹈,也称"拜师礼",主要的寓意是祈福和鼓舞士气,祈求祖先神灵庇佑,上场杀敌。这也符合麽教驱妖除怪、禳灾祈福的要求。因此,麽教对壮族武术特征的形成与发展具有一定的影响[1]。广西民族因地理环境、宗族宗教、经济文化等形成了浓厚地域乡土意识,遇到外侵容易形成一致御外的统一思想。

(二)少林寺佛教文化

少林寺是佛教圣地,武僧不仅要习练强身健体的功夫,更要尊崇和发扬佛教文化,少林寺佛教文化对广西壮族武术的发展也产生一定影响。其一,广西与广东近临,合称两广,史料显示福建南少林是广东南拳的发源地[2],广东南拳多为外来拳种,相传洪家拳源于少林寺,李家拳由南少林寺和尚李色所创,蔡家拳由南少林寺和尚蔡福传入广东,莫家拳由南少林寺俗家弟子莫达士传入广东[3],由于受到广东南拳文化的深入影响,广西壮族武术逐渐向南拳化方向发展;其二,浙江的温州与福建莆田的南少林寺接近,被认为是浙江南拳的发源地。据考证,宋朝灭亡后,浙江志士去南少林习练武功反抗元军,据温州《永嘉志·人物》记载,南宋时的吴金明将军将南少林虎形拳演化为七虎拳并流传下来[4]。到明代,历史上著名的广西抗倭女英雄瓦氏夫人在率领狼兵进行抗倭作战和训练过程融入了北方长拳(浙江南拳),这对广西壮族武术与浙江南拳的融合发展起到重要作用;其三,在广西东南部玉林市福

---

[1] 麦思杰.《布洛陀经诗》与区域秩序的构建——以田州岑氏土司为中心[J].广西民族研究,2008(1):102-108.
[2] 罗国旺,谭广鑫.广东蔡家拳源流探析[J].体育文化导刊,2016(7):78-81.
[3] 李湘远,王春光,李贞晶.试论岭南文化对广东南拳形成和发展的影响[J].西安体育学院学报,2007(4):60-62,88.
[4] 李冰.论浙江南拳[J].体育文化导刊,2012(7):103-106.

绵区有一门源于南少林并且具有250多年历史的功夫叫作"十八路庄",十八路庄功夫在当地城乡、村落中存在着200多家武馆,在广西、广东等地习练的人数已超过5万余人[①],在地域传统武术的发展中具有较大影响力。因此,广西壮族武术在发展过程中受到少林佛教文化的深入影响,特别是以南少林为宗源的南拳影响较为深远,以至于出现现代壮族武术逐渐被南拳同化的现象,在壮族武术迅猛、刚硬的技术风格里隐藏着佛教少林武术特征的影子。

(三) 儒家伦理思想

秦汉统一岭南后,随着儒家文化思想的广泛传播,壮族武术也深受影响,特别是儒家的忠孝观念,反映在武术思想里就是忠君爱国、尊师重道。明朝中期,瓦氏夫人率领的狼兵纪律严明,能征善战,在东南沿海与倭寇奋勇拼杀,视死如归,充分体现了壮族人民忠君爱国的思想。在壮族武术的传承过程中,师父的口授相传是主要途径,并具有绝对的权威,徒弟对师父所传授的武术潜心研修,恪守门规,绝不外传本门技艺,永不背叛师门[②]。在壮族武术拜师祈祷的起式、上马式、下马式等仪式上也体现出尊师、谦和、忍让的武德精神[③],是儒家规范下所有的武林门派所共同遵守的道德标准。

本章小结

壮族武术文化的内容丰富,包括人体动作、民族智慧和价值取向。壮族

[①] 郭伟杰,李志清. 集体记忆与传统的延续:南少林十八路庄武术文化传承的解读 [J]. 广州体育学院学报,2017,37 (2):91-94,115.
[②] 李胜恒. 壮族武术中的伦理思想研究 [J]. 武术研究,2016 (6):22-24.
[③] 王晓晨,赵光圣,乔媛媛. 仪式·教育·人:泰拳赛前仪式的理性教育检视 [J]. 上海体育学院学报,2015,39 (4):46-49.

武术更是一个古老的拳种，原本具有独特的传承机制和系统内容，包括独特的拳械技理、庄重的拜师仪式和严格的门规戒律等，但随着剧烈的社会变迁，这些独特的壮族武术技术特征受到严重影响和破坏，壮族武术也由战场上厮杀格斗风格逐渐演变为类南拳和民间舞蹈，直至现代的濒临消失，壮族武术的命运岌岌可危。要想拯救这弥足珍贵的古老拳种，就要从保护传承人、挖掘传承内容、创新传承机制入手，克服目前传统武术文化传承所面临的严重危机。值得庆幸的是，广西古壮族武术协会于 2017 年 10 月 18 日在百色市成立，壮族文化瑰宝古代壮族武术的拯救、挖掘和弘扬工作进入实质性阶段，这也标志着壮民族的传统武术又逐步恢复并发展起来。

第四章
仪式理论下壮族武术"拳舞"的解构与透视

从古典经济学家亚当·斯密提出的"经济理性人"到现代经济学家加里·贝克尔的《人类行为的经济分析》；从科尔曼的《社会理论的基础》到主张"理解社会学"的马克斯·韦伯，其学术逻辑主线和落脚点都是围绕"理性"和"行为"而展开。尤其是韦伯基于人会思考和选择，其行为合乎理性的预设，将人的行为分成工具理性行为和价值理性行为，以及与之相对的传统的行为和感情的行为。并指出行为是行动者赋予主观意义的行为，它必须服从于一定的目的，或者体现一定的意义。仪式作为集中展示人类社会行为的文化活动，其整体营造的是非理性场域，而单独考究其作为符号的具体行为又具有工具理性或价值理性。与此同时，仪式又有着"借助永恒不变的和潜藏着的形式，把过去、现在和将来联系在一起，从而消除了历史和时间"[①]的基本特征。因此，聚思之余，检视与厘清仪式行为的复杂性就成为人们认知民族文化历史与社会存在的常用视角。

壮族武术"拳舞"以其仪式的文化个性，在历史的大浪淘沙中依循其高度标准化和结构化的传承特征而得以保存至今，这就为研究壮族武术拳种文

---

① 王晓晨. 学校武术教育百年变迁研究 [D]. 上海：上海体育学院，2017：148.

化提供了标本和空间。意即对拳舞中这些裹挟在象征之网中的行为进行分门别类、梳理这些程序和时空的象征意义对认识壮族武术的前世与今生提供了独特视角。如此，壮族武术拳舞包含了哪些象征符号？这些象征符号又所指哪些方面的文化内涵？分别有着何许功能？等这些符号学、人类学与文化学的探究与考量对认识壮族武术，尤其是古壮族武术的发生、发展及未来走向都至关重要。基于此动机，在精读了囊括壮族历史人文、宗教信仰、民俗艺术等诸多文化内涵的《壮族通史》《壮族文化史》《壮族社会生活史》《壮族图腾考》《壮族民间宗教文化》《布洛陀》《侬智高》《瓦氏夫人》《壮族医学史》《壮族文学史》等文献的基础上，作者和团队在2015年至2017年多次南下广州南沙，西下百色田阳、平果榜圩、河池南丹、宜州合寨、云南文山等地对昂拳、傅氏古壮族武术、黄氏家拳等"古壮族武术"和"土壮族武术"进行了田野调查，田野中就"拳舞"中的符号意义与传承人、习练者、广西武术院专家进行了半结构式访谈，并对壮族武术"拳舞"的历史发展、民风民俗、文物遗存，以及集体记忆进行了整理，为本书提供了鲜活的一手资料。

第一节　壮族武术拳舞的仪式抽剥

壮拳是壮族武术的统称，而壮族武术现存拳术套路就有包括"古壮族武术"、牛角拳、"土壮族武术"、擒功大王拳、山林伏虎等在内的35种之多，梳理发现其中只有一些古老的、最传统的拳种才有拳舞展示；同时，发现即便是同一拳种又有着不同拳舞，以昂拳为例，不同地域、不同土司创编的拳舞又有所不同。但做研究总是从特殊中找到一般、从差异中找到共同、从变化中找到规律，意即这些拳舞的程序虽有不同，但聚焦到拳舞仪式中的最小单位——象征符号又是大同小异的,即这些象征符号的能指与所指几乎是近同的。因此,选取"古壮族武术""土壮族武术"、牛角拳等拳种中共同存在的仪式程序和象征符号作为研究对象来探究壮族武术拳舞的文化内涵,从而试图窥探壮族武术发生发展的历史与文化。

第二节 壮族武术拳舞相同的基本程序:象征符号的出场

"仪式是人们在不运用技术程序,而求助于对神秘物质或神秘力量的信仰的场合时的规定性正式行为"[①],沿着"仪式一直被作为宗教的实践和行为来看待"[②] 的逻辑,梳理学术史发现,无论是对仪式在原始社会内部作用进行宗教社会学考察的涂尔干,还是对仪式功能进行研究马林诺夫斯基,抑或是在两位之后的基于"结构—功能"体系建立仪式研究范式的特纳,都以不同的方式认为,"仪式是由一个个象征符号构成的,象征符号与人们的社会行为之间具有紧密的联系,且又是仪式中保留着仪式行为独特属性的最小单元,是仪式语境中独特结构的基本单元"[③]。现实中象征符号往往有着能指与所指的双层隐喻,意即看到这种囊括实物或者非实物的举止在内的象征符号总能让人想到另一种事物或意义的符号表达。于是,大的方面壮族武术拳舞的基本程序又是这些象征符号出场的基本方式,随着程序的展开,象征符号总是在仪式参与者、观看者的头脑中传达着某些信息,上演着集体记忆,强化着族

---

① 特纳. 象征之林——恩登布人仪式散论 [M]. 赵玉燕,欧阳敏,徐洪峰,译. 北京:商务印书馆,2006:19-20.
② 彭兆荣. 人类学仪式理论的知识谱系 [J]. 民俗研究,2003(2):5-20.
③ 王晓晨,赵光圣,乔媛媛. 仪式·教育·人:泰拳赛前仪式的理性教育检视 [J]. 上海体育学院学报,2015,39(4):46-49.

群认同。

然"宗教的根源不是在天上而是在人间"①，壮族武术拳舞形成于冷兵器时代，在出征前夕、决死之际的生命之舞符合"人穷必返本"的逻辑，其基本程序依然与壮人的宗教信仰、社会生活、宗亲世故息息相关。综观壮族武术拳舞共同的基本程序主要包括三个部分，即礼敬战神、拜土司和师爷、拜四方。首先，礼敬战神环节的主要象征符号表现有舞者两肘上架，两手似捧一物，低头目视所捧之物；接着单膝下跪，然后两手上举，仰头虔诚向上看。其次，拜土司和师爷。其象征符号的表现为双臂由上举变为前平举，接着两肘上架，接着再做一次双臂平举。最后，拜四方。其象征符号的主要表现有舞者不慌不忙地匀速依次朝东、南、西、北四个方向，腿部是虚步，双手上下挥动作打鼓式；也有的拳种在此环节有差异，如"土壮族武术"直接简化为朝四个方向行作揖礼。

第三节 象征符号的文化所指与意义阐释

"我以为所谓文化就是这样一些由人自己编织的意义之网，因此，对文化的分析不是一种寻求规律的实验科学，而是一种探求意义的解释科学。我所追求的是析解（Explication），即分析解释表面上神秘莫测的社会表达"②。正如格尔茨的研究取向一样，仪式研究是着眼于民族文化的解释学领域，是对"地方性知识"的深描，而非寻找严谨逻辑中的科学规律。在文化解释中关注的更多是仪式中象征符号所指的器物、制度和精神等层面的文化意义及由此

---

① 马克思, 恩格斯. 马恩选集: 第4卷 [M]. 北京: 人民出版社, 2009: 436.
② 格尔茨. 文化的解释 [M]. 韩莉, 译. 南京: 译林出版社, 1999: 5.

而建构起来的普遍秩序和集体记忆等社会价值和功能。随着仪式研究思路的更迭，尤其是福柯的"知识考古"的解释方式出现以后，"人们已经不满足于对单一行为、器物——包括文字的物态认识，而是意识到在客观自然的本体之中就潜伏着历史的叙事范式和具备了进行重新破译的潜质"①。于是仪式研究也就出现了要么不说，要说就聚焦到仪式的细节和技术，或者整段程序的意涵，进而追溯到文化原点的研究范式。

一、礼敬战神与酒的物语

课题组成员将田野调研中所收集到的拳舞录像视频和资料展示给古壮族武术名家刘志岩先生看后，他立刻指出："这些动作在壮族的刀盾舞中也有，是敬壮王、敬战神的；壮族地区的老土拳的起势中多有这些敬神拜神的动作。"另一位壮族古壮族武术师姚磊先生对刘师的观点比较认同，并进一步指出："双肘上架捧起的器物是壮族大海碗，里面装的酒，敬的是壮族战神天子侬智高。"

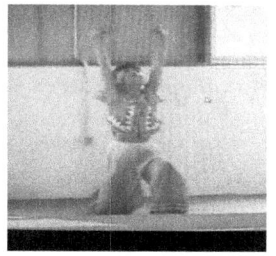

敬酒于战神

---

①彭文斌，郭建勋. 人类学仪式研究的理论学派述论 [J]. 民族学刊，2010（2）：13-18.

广西靖西安德的侬智高当代存在

(摄于云南文山)

(一) 战神侬智高：宗教信仰中的英雄崇拜

泰勒在其《原始文化》一书中指出灵魂观念是整个宗教信仰的源头和赖以存在的基础，是所有宗教意识的核心内容。如果没有超自然的、不朽的灵魂观念，就不可能有超自然、超人间的神灵观念，也不会有任何宗教信仰，并认为这种"万物有灵论"是祖先崇拜、自然崇拜和实物崇拜的逻辑前提。如出一辙，壮族的宗教信仰也是建立在灵魂观念基础之上的，有着"鬼魂崇拜、祖先崇拜、英雄崇拜、图腾崇拜、自然崇拜、动植物崇拜"[①] 等多重崇拜，神祇较多而且繁杂。以祖先崇拜居多，无论是信仰程度还是信众规模都占有较大比重，然建立在祖先崇拜之上或模拟血亲的英雄崇拜更是影响深远。在远古，在这种以血缘关系为纽带的氏族部落制度下，一些生前强有力的、对氏族部落有贡献的酋长或部落领袖及氏族头人，在死后被人们尊崇为英雄神灵而祭祀的文化传统一直沿袭至今。正如费尔巴哈在其《宗教的本质》中指出"宗教只不过是依赖感，只不过是人的感觉和意识；宗教乃是对于我之

---

① 玉时阶. 壮族民间宗教文化 [M]. 北京：民族出版社，2004：25-32.

所以为我的思量和承认"① 一样，壮人民间社会认为这些生前强有力、武功高强之人死后其灵魂依然具有庇护族人的功效，尊崇、祭祀这些祖先为守护神，可以保护氏族和部落。作者和团队在桂西北调研中发现，当地莫姓壮族崇拜莫一大王，认为其是南丹莫氏土官的祖先，生前力大无穷、文治武功超群，死后被当地壮族作为地方守护神立庙供奉。不一而足，在土官、土司等治理阶层的推动下，这种像"莫一大王""瓦氏夫人""韦氏三父子""岑三爷"等地方性具有同质化的祖先中的精英在数百年的流传中被演化成当地社会最基本和最具有活力的神祇来规范当地现实中的社会秩序，可谓英雄崇拜的深层动因。而作为北宋年间带领壮族南御交趾、北抗朝廷，深切关爱壮人疾苦的民族英雄侬智高更是在民间传说中被神奇化为最大英雄神而崇拜，"在壮族人民的心目中，侬智高既是一个出身神奇的龙种，也是一个英勇善战的将帅，更是壮族人民心目中的侬王"②。显而易见，英雄崇拜为仪式中的敬壮王、敬战神找到了文化原点。

（二）大海碗敬酒：生死语境中的标志之举

关于战争与酒，历史上不仅有着三国时期关羽"云长停盏施英雄，酒尚温时斩华雄"的勇冠三军，而且有着北宋抗金名将岳飞的"直捣黄龙府，与诸君痛饮耳"的爱国抱负，更有着苏轼《江城子·密州出猎》中所展示的"酒酣胸胆尚开张。鬓微霜，又何妨！持节云中，何日遣冯唐？会挽雕弓如满月，西北望，射天狼。"的壮志酬筹，英雄豪迈之气。史实表明，酒在战争中的应用由来已久，而且积累了丰富意涵。然仔细梳理不难发现，酒在战争中

---

①费尔巴哈.宗教的本质[M].北京：人民体育出版社，1999：2.
②凌春辉.论壮族民间传说中的侬智高[J].百色学院学报，2007，20（1）：31-34.

的使用往往在关键节点时刻或取得了里程碑式的转折时刻。饮酒后较之饮酒前，社会角色、精神状态或者重大决定上都有所变迁。无出其右，在壮族酒文化中依然可以找到酒的这种物语现象。农事节庆、婚丧嫁娶、生期满日、庆功祭奠、奉迎宾客等壮族民俗活动，酒往往成为中心物质。特别是"在人生历程的各个阶段性仪式中，壮族经常把酒当作一种标志，用以象征人的生命从一个阶段步入另一个阶段。酒伴随着壮人的出生、婚丧、死亡的各个阶段"①。壮族武术拳舞的展示时刻往往在决死格斗之前或者在奔赴战场之际，其仪式场域营造了一种生死难料之际的凝重氛围。因此，大海碗敬酒在向战神表达崇拜和致意之余，更多彰显的是仪式者的决死之心，一种"已报必死之心，当全力一战。苟不幸遭逢失败，祈予庇护，保吾平安，若处困境，翼能获指点迷津"②的祈愿。就像法国著名民俗学家范热内普基于仪式的结构分析而发现了仪式的过渡性一样，此段武舞程序中的酒作为象征符号，其意义更多在于"建构一种过渡，为该人进入到新的地位提供一种标志物。这种标志物对此前构成一种区分和隔断，对此后则构成一种新的资格，它代表一种新的生命转换和开端"③。因此，海碗敬酒，更是生死语境中的誓师标志。

二、接受土司和师爷的检阅

课题组将录像视频呈献给广西壮武研究院院长苏荣舟先生，苏先生认为：此段"拳舞"程序是狼兵出征前接受土司和师爷检阅装备，礼拜土司和师爷

---

①蔡世保．壮族酒文化的民俗现象及功能［J］．文山师范高等专科学校学报，2009，22（2）：21-24.
②王晓晨，赵光圣，乔媛媛．仪式·教育·人：泰拳赛前仪式的理性教育检视［J］．上海体育学院学报，2015，39（4）：46-49.
③王奇，花家涛．学校运动会开幕式武术团体操的仪式研究［J］．军事体育学报，2016，35（2）：70-72.

的行为，苏先生同时指出此举不但具有激发勇气、热身等作用，而且每个拳舞都有头有尾，土司不同此段拳舞的程序也具有内容不同的特点。

接受土司和师爷检阅

河池东兰土司点兵处和百色榜圩古壮族武术会旗

（一）土司意志：地方性知识的生产圭臬

土司制度是"我国中央集权的封建王朝对西、南部少数民族聚居地区实行的一种特殊的政治制度，是中央王朝对控制一定地域、掌握一定军事、政治、经济权力的各族首领，通过授给他们不同级别的一定世袭官职，让其缴纳一定贡赋、承担一定义务的办法，把各族地方性军事、政治权力间接纳入中央王朝政权系统内的特殊政治制度"[①]。然正是这样一种形成于元代，完备

---

①刘鸿燕. 近代云南沿边土司地区的制度解构与社会变迁研究 [D]. 昆明：云南大学，2016：15.

于明清，清雍正改土归流后逐渐走向衰亡，前后延续近800年的制度，对置身西南地区的壮族族群影响深远。制度理性下，缺乏更多钳制的壮族土司在地方统治中往往走向荒淫无道、穷兵黩武、欺压土民甚至对抗朝廷，这种现实状况往往为增强其武装力量的壮族武术武技及仪式的发展壮大创造了条件和提供了空间。从隋唐的羁縻时代到宋元明清的土司时代及"改土归流"时期，壮族土司的武装力量"土丁、峒丁，无不习战，标、枪、刀、弩、箭、牌等武器，用之甚精，故强武可用。明代之土司土兵中的狼兵，更是'鸷悍，天下称最'，不仅艰苦耐劳、勇敢善战，而且人数众多，是一支重要的武装力量"①。军事诉求上，土兵主要有"讨蛮""守境土"和"抗交趾、倭寇外侵"②等功能。除此之外，各土司之间为争夺地方、人口的统治权而互相争战，土兵又成为土司争霸地方的工具。一言以蔽之，战场厮杀中的你死我活的现实诉求更是将壮族武术武技的地位推向了极致。"世有其地、世管其民、世统其兵、世袭其职、世治其所"的土司不仅将这些满身武技的土兵视为私有财产，更是在武装其士兵的方法和手段中渗透着其意志，使得土兵的身体文化上具有鲜明的其所属土司的特征和标记。每次出征前，土司都要检阅土兵，而英勇善战、难以辖制的狼兵更是如此。被誉为明代《山海经》的《赤雅·狼兵》中就有"狼兵鸷悍，天下称最……土官亲行部署乃出，性极贪淫，动不可制，严志明律用之胜，否则败"的记载。访谈中，古壮族武术名家唐曲先生对此文化事象进一步补充说："宁教拳，不教舞。每一个土司都有自己的独特的拳舞，归降与道歉的方式之一就是跳拳舞。如果土司接受道歉，就把酒言欢、前嫌尽释；否则就刀兵相见，以死相拼而决出胜负。"不言而喻，

---

① 张声震. 壮族通史 [M]. 北京：民族出版社，1997：644-645.
② 同①。

跳拳舞乃是维护生存尊严底线的最后一道程序。此时此刻，接受土司检阅装备或授旗，领会土司授意，在奋力拼杀中去完成其社会角色应承担的历史责任。

（二）勇猛再造：师爷检阅中的安全眷顾

师爷这一社会角色由来已久，只是在明代以前大都以幕僚、幕宾等统称，清代以降被世人称为师爷。宋元明清以来的壮族土司的治理团队中不乏师爷身影，他们往往受聘于土司，协助办理文案、钱谷、安全、刑名等事务，为土司在激烈的内外竞争中出谋划策、贡献智慧而让其立于不败之地。官职与俸禄上，"师爷非官非吏，无品无位，只是受聘于幕主官员的佐治人员，双方宾主相待，实质上是雇佣关系，是聘用的私人顾问或私人秘书。其被聘不是政府行为，而是私人行为，其报酬主要是由官员从政务专用经费中开支。在用人行政上是辟而不署"[①]。正如"土司学"著名学者成臻铭先生在其《清代土司研究——一种政治文化的历史人类学观察》一书中的研究表明一样，土司的师爷在辅佐土司的过程中，凭借其在刑名律例、钱粮会计、文书案牍、兵法武艺等方面的专业知识和实干才能来攫取个人的社会地位，一荣俱荣一损俱损中"其效力已至犬马"，深得土司信任。自然而然，壮族土司中无论是文土司还是武土司大都将传授武技、打造武装力量的任务交给其聘任的师爷。著名壮学家梁庭望先生研究指出："明代壮人，每生下一个男丁，就把他看成未来的'狼兵'。父母称上一块和他分量相等的铁块，用红绸扎好，庄重地挂在孩子床头。待他长到十来岁，便用这块铁打成一把刀，闲时由土官的师爷

[①] 王文涛. 师爷称谓演变与幕僚制度试论[J]. 浙江社会科学，2007（1）：174-180.

教其习武。"① 师爷与土兵在事关生死的壮族武技的传承与承传中不仅建立了深厚的师徒情谊,而且视如己出中师爷以其高超的实战能力为土兵营造了安全感。正如戴国斌教授提出的"格拳致知"教育逻辑中土兵将壮族武术不仅"扩展为'身体之拳'、延伸为'器械之拳',而且深入到'心意之拳'"②,几近降神附体之地步。因此,临战之际得到师爷对装备的检阅和慰问眷顾,其勇猛再造之效无与伦比。

广西百色市平果县坡造镇渌德村归德屯,被誉为"狼兵故里"

(摄于 2017 年 10 月)

三、致敬父老乡亲

作者和团队在文山广南、崇左大新、南宁武鸣、百色靖西、河池宜州等地调研中发现,众多壮族武术传统拳种的拳舞中,有的带有"敬战神、敬壮王"和"接受土司和师爷检阅"等环节,有的却没有,但大多数都有"拜四

---

①梁庭望. 壮族风俗志 [M]. 北京:中央民族学院出版社,1987:188-190.
②戴国斌. 中国武术教育"格拳致知"的文化遗产 [J]. 体育学刊,2017,24(3):16-23.

方"环节,它们的基本程序中象征符号体系内容虽有差异,但传达的都是致敬父老乡亲之意。就此环节的所指,被称为"壮族武术第一村"的河池宜州合寨村的传统土壮族武术师父韦名旺老先生解释说:"拜四方首先是拜四方神灵,其次是拜观众,感谢众人的捧场。"当进一步追问"四方神灵指什么神?"时,韦老先生说:"主要是去世的长辈。"

两个不同拳种的拜四方

百色田阳布洛陀像及古壮族武术会议合影

(一) 娱魂:人伦道德中的尊老意识

壮族的伦理文化中尊重长者、敬爱老人的意识特别浓重。"老人家的话就是宝,老人家的话就是药"是壮乡民间社会的共识。壮族家庭教育中,晚辈要尊敬老人,言语不能顶撞长者是常常听到的劝诫。田野调查中发现,即使是没有血缘关系的壮族鳏寡老人也同样受到尊重和爱戴,众人善心的逻辑起点似乎不是基于怜悯和恻隐，超越了儒家的"亲亲而仁民""老吾老以及人之老"的递进模式，而是一种由来已久的文化传统。其实这与壮族先民在漫长的历史发展中形成的据"那"而作、凭"那"而居、赖"那"而食、靠"那"而穿、依"那"而乐、以"那"为本的生活生产模式息息相关。因为"那"是稻作文明的表征，是典型的农耕文明之一，在"种瓜得瓜，种豆得豆"的实用理性中，经验往往大于一切，而老者就是经验的载体、智慧的象征。被誉为壮族"道德经"的《布洛陀》一书中的布洛陀作为百越民族的创世英雄、壮族的始祖，其形象就是一智慧老者。"千百年来布洛陀诗经和布洛陀故事在我国南方的南盘江流域、红水河流域，连同左右江流域及其他地区广泛流传。每年"三月三"歌节，壮族百姓都自发到布洛陀故乡田阳敢壮山祭拜布洛陀"①。时至今日，广西武鸣区、马山县一带的壮人依然认为家中老人去世后，其留在家中的灵魂和人一样有着七情六欲、喜怒哀乐，"若活人经常对它们祭祀，它们就会时刻保护家人，不让各种妖魔鬼怪进入家中或危害家人"②；贵港一带的壮乡民间"各家各户的厅堂中都摆有神龛，供祭祀去世的老人"③，并保留此处不乱堆杂物、不乱挂衣服，不准未满月的产妇走近触摸的禁忌。因此，尊老意识将拳舞"拜四方"环节拜四方神灵的逻辑起点落到了实处。

(二) 娱人：社会道德中的平等意识

马克斯·韦伯在其《儒教与道教》一书中将中国历史上的社会定性为"家产制官僚社会"，意即由于官方公共财政制度的缺失，而没有形成一套精

---

① 陈修龄. 布洛陀 [M]. 北京：中国文联出版社，2007：序言.
② 覃冯. 壮族传统伦理思想管窥 [J]. 广西教育，2012 (10)：92-93.
③ 同②.

确而统一的管理机制。然而这并不影响民间社会的有序运行，基于某种相处标准的社会道德在其中功不可没。在壮乡，这种相处标准就是平等意识。正如恩格斯所说："我们断定，一切以往的道德论归根结底都是当时的社会经济状况的产物。"[1] 壮族稻作文明中这种"春耕待插秧，有牛要相帮。挨家轮流种，合力度大忙"最具体、最基本的生活生产需求可谓是平等观念形成的原点。追溯历史，产生于明代的壮族长诗《传扬歌》就是一部通过揭露统治者不平等的剥削行为而祈求平等的叙事诗歌。壮族文化原典《布洛陀诗经》第6篇"唱罕王"中也有"众人平等，不能相欺"的社会道德诉求。不仅如此，形容兄弟同根平等的壮族格言"刀断水不断"，壮族习俗"结老同""打老庚"等都是建立在"没有地位高低、身份卑贱之分，权利和义务是平等"[2] 基础之上的。较之汉族结拜中存在的长幼有序、兄弟有别的"差序格局"，壮族社会的区隔并没有那么清晰可见。这一点，在壮族的丧葬文化中体现的尤其明显。为了减轻死者家庭的负担，壮人发起共渡难关模式，意即"众人前去帮忙和慰问时都自发地准备一些布匹、钱物和祭祀用品等物品作为随手礼赠送"[3]，这种建立在平等之上的互助互爱的社会伦理习俗至今在壮乡很多地方依然保持良好。在这种一来一往的礼物交换中，"人们将灵魂融于礼物，亦将礼物融于灵魂"[4]，人与物相混融，社会道德与公平契约相混融。礼物交换同时也是人们强化社会公平意识与建构公平秩序的一种"总体呈现体系"[5]。

---

[1] 马克思，恩格斯. 马克思恩格斯选集：第3卷 [M]. 北京：人民出版社，2009：435.
[2] 陈修龄. 布洛陀 [M]. 北京：中国文联出版社，2007：序言.
[3] 樊红兰，樊红东，樊振忠，等. 壮族丧葬仪式中的伦理思想——以广西忻城县为例 [J]. 长江丛刊·理论研究，2017（10）：194.
[4] 莫斯. 礼物：古式社会中交换的形式与理由 [M]. 汲喆，译. 上海：上海人民出版社，2005：8.
[5] 王晓晨，侯胜川，乔媛媛. 壮族武术文化变迁的历史人类学考察 [J]. 南京体育学院学报，2018（11）：68-73.

因此，正是壮族社会中这种平等意识才有拳舞中"拜四方"敬观众时的"捧场"之说，因为建立在平等之上的"场"可以捧也可以不捧。

本章小结

功能主义学派代表马林诺夫斯基认为，文化的功能分析是在田野事实的基础之上，通过各个功能在完整的文化体系中所发生的联系和作用，来解释文化的特性。壮族武术拳舞虽是一段简短的身体活动程序，但是通过梳理不仅可以管窥到壮人在封建时代生死有命、安全不保的生存危机下所造就的宗教信仰中的英雄崇拜，以及临战之际豪饮摔碗酒进而誓死一搏的形象，而且可以审视到羁縻时代、土司时代、改土归流时期峒丁、土兵在峒主、土司的驱使下披坚执锐、东拼西杀的战争生活史，同时，又能感受到基于稻作文明实用理性下形成的壮族民间社会文化中的崇老意识与平等意识。不难看出，即使每个壮族武术拳舞的基本程序有所差异，但其内蕴的象征符号的文化所指却大同小异。总体折射出壮族武术不仅事关壮族的宗教信仰、生活习性，而且与其政治文化、社会道德息息相关的文化个性。这些为壮族武术在地方教育资本凝练、区域社会治理参与、文化品牌塑造、体育产业振兴等方面有所作为而实现在当代的创造性转化打下了基础。回眸历史，壮族武术一直是广西乃至西南地区的代表拳种，然时至今日，其发展、传承、研究呈现出"遥看草色近却无"的境遇。抛砖引玉，希望学界给以批评指正，给壮族武术以更多的关注。

CHAPTER 05

第五章
壮族武术典型个案研究

宏观与微观结合下的理论与个案的互证之研究思路更能说明被研究对象的基本情况。本书在梳理了壮族武术文化、历史、哲学的前提下，积极进行田野调查，通过与当前主要传承人的互动，更能清晰透视壮族武术的基本理路。

壮族武术典型拳种的传承人，从左至右依次为黄家勇、刘志岩、唐曲

第一节　昂拳发展历程的口述史

（被访者为昂拳正式传承人唐曲先生）

该拳源于 400 年前的明代田州府狼兵武技——昂拳其中之一的"刀盾"术，除动作个别招式名称标注汉语外，其余未做任何更改，以保住该武术 400 年的"原生态"历史，供广大古壮族武术爱好者练习及学术研究使用。该拳术动作刚猛，简练，实用性极强，其风格类似古泰拳、缅甸拳等东南亚地区的古老武术，拳械训练均可以变换使用。为此，作者和团队专门前往广州南沙，就昂拳的发展历史与故事对昂拳传承人唐曲先生进行了专门的采访，其口述历史的内容如下。

"昂拳"是流传于广西平果榜圩、田东思林及都安江南等地方的一种本土拳术，也称为"军拳"。据考证已有 410 年以上的历史。昂拳为现今仅存的广西古代壮族土司训练狼兵实战武技之一，其技法比较原始、古朴、凶狠，源承远古狩猎，夯实于血腥古战场生死搏斗经验积累。因其传习土司家族的家史及文物多数毁于"文革"浩劫，导致其历史资料残缺不全。后经多年努力，初步考证它是明清时期土田州下恩里（治所，今广西壮族自治区平果县榜圩镇乐圩乡福吉村巴吞屯），世袭里目黄氏土司历代承袭的拳术。

一、先祖开辟疆土

本人 14 岁起随师傅黄孟健（1905—1989 年）练习昂拳，至今已有 37 年。黄孟健是昂拳第 11 代传人，据他口述我们祖先原是广西田州土司嫡后（注：

土司是中国边疆的官职，元朝始置，用于封授给少数民族首领，土司的权力很大，与古时封王差不多）。先祖于明中末率兵在平治一带驻守，披荆斩棘开辟疆土，繁衍生息，至今14代人共410余年。黄氏家族在当地被称为"白衣人"，"白衣人"是当地对土司贵族的称呼。土司为了区别于其他平民百姓，制定严厉的制度，禁止平民百姓穿白衣服、白袜子等，这种风俗习惯在地区沿袭至少有上千年的历史。

家族的资料及文物多数毁于"文革"浩劫，家谱田契等被焚烧，祖坟棺木被挖出，坟碑被摧毁成碎石铺路。万幸的是有一位亲戚偷偷到祖坟手抄了一份各墓碑部分文字，一直保留至今，弥足珍贵！这份珍贵的资料中记载：一世祖是黄＊故，万历三十八年（1610年）出生于今广西壮族自治区平果县榜圩镇福吉村巴吞屯，其父亲当年平叛贼人之乱率兵驻守，其他的信息不详。唯一有实物资料记载的是第5代土司黄国裕（世袭爵位：里目），在巴吞屯黄莲氏（本人祖母）的故居，在一处水田的中央竖立着一块清嘉庆二十三年的墓碑，从200余年前石碑上斑驳的文字，还是可以略窥一二的，后经父辈口述而知，黄国裕在位时期共掌管榜圩镇、乐圩乡及都安县江南乡一带72个峒场84个村庄，约3万居民。最后一位土司黄金国生于道光二十三年（1843年），1860年左右清政府在当地实行"改土归流"政策时其被废除爵位。

黄氏土司居住的福吉村巴吞屯，是其势力范围内的核心统治区，为当地数百里最好的、最大的峒场，从空中鸟瞰整个黄氏土司的领地就如一个狭长的大峡谷，中间有良田河流，四面高山环绕，连绵不断，形成了天然的"城墙"，完全与外界隔离，唯一通道就是群山之间狭小的山麓，一旦在此设置城墙封锁，外人很难通过，易守难攻，峒内就显然成为独自的王国，居民完全可以自给自足，不受任何影响。

峒场是被四面大山围起来形成的完全封闭的盆地，类似于"坝子"，面积大小不等。盆地可以种植耕作，大的可达几万亩，小的百来亩。峒场内有人居住，主要土人（壮族人），世代居住此地，一年辛勤劳作，基本可以自给自足。峒场周围的山腰间居住的是瑶民，生活非常艰苦。虽然当地的土地贫瘠，但盛产名贵的金丝楠木，是制作高档家具、建筑、棺材等的绝佳材料，深受朝廷及山外客商青睐，是峒内外贸易的主要商品。先祖在位期间的缴税：土人（壮族人）每年缴纳稻谷，瑶民每年缴纳金丝楠原木和制作好的楠木棺材。

封建社会年代里西南土司之间发生的战争多不胜数，但无非就是仇杀、兼并。黄氏家族掌管此地的几百年间，各周边的土司不断混战，血腥杀戮，基本都与争夺这一珍贵的木料有关的（现在金丝楠木在当地已经完全绝迹了）。围绕里目黄国裕有2个传说故事（后来已证实）。这两件事都对黄氏家族的命运影响很大，见证了黄氏土司的兴旺和衰败，也是诸多西南小土司兴衰的历史缩影。

第1个故事：黄国裕与安定潘姓土司的一场决战。黄国裕与潘姓土司的那一场血腥争战，奠定了黄氏家族的崛起及壮大。潘氏土司是安定土司，与黄国裕势力范围毗邻，但实力要强大得多，兵精粮足。据明确的历史记载：1860年，太平天国名将"协天燕"石镇吉率千余亲兵沿红水河往庆远（宜州）与翼王石达开汇合，途经今都安箐盛乡时忽然遭到安定土司围剿，最终全军覆没。安定土司潘凤岗便在原战场的悬崖边上刻石"匹夫关"三个字以纪其功，足可见潘姓土司的势力之强大。

在这一场战争中，黄国裕的峒兵仅千余人，要抵抗数倍人数的敌人，明显处于劣势。黄国裕亲自率峒兵迎战，生死存亡中峒兵英勇无比，誓死保卫家园，拼死抵抗。战况非常惨烈，天昏地暗，双方死伤无数。据老人说，原黄氏土司家不远处的练兵场有一眼泉水，非常清澈甘甜，黄氏家族平日派人把守，泉水仅供土司家人和士兵饮用，其他平民一律不得饮用，违者要割下舌头，如在池里洗衣服则直接砍头。战况最惨烈的时候，"兵泉"的水一夜之间突然变成红色，闻起来就有一股血腥味，连军马都不肯喝，井边的青草也枯死了。人们都说那是死去的战士半夜回来喝水，身上的血迹染红了泉水，以致3年都不能饮用（现在兵泉的地址已经找不到了）。这虽然是带有迷信色彩的传说，但也足以看出当时战争的残酷！最终黄国裕以弱胜强，战死的将士达百余人，终获得大胜。先人凭借高超的军事技术及武技战胜强大的敌人，用血与肉捍卫了自己的尊严，他们在这场战争中使用的武技就是昂拳！

这一场胜利让黄国裕达到其人生最巅峰的时刻，其势力迅速崛起，遍及乐圩乡及都安县江南乡一带。据其墓志铭记载："……初时家尚萧条，三加积德而后赐良人，勤俭持身虽不能富盖乡邻，亦可仁谓诸胥，陈粟不虽，三族尚沾其惠泽。"其中"仁谓诸胥"就是指黄国裕家人的仁义传播到各胥（官）中，很明显这些均是自吹自擂。

第2个故事：黄国裕死前指使家丁半夜将一位年轻的瑶族人带到墓穴，残忍地将瑶胞活埋殉葬，为其"垫棺材底"。此事造成的民愤极大，不但那些失去亲人的瑶族兄弟恨他，平常被欺压的黑衣人（壮族平民）也对其恨之入骨。黄国裕死后不久，其父母坟墓就被人连夜捣毁，粮仓被焚，军马和牲畜被毒死，从此之后白衣人（壮族土司）即使在光天化日下没有家丁的保护也不敢外出。接踵而来的是人民群众不间断地反抗，直到清末改土归流，土司制度瓦解。此后，黄氏家族就开始逐渐没落了。

二、古战场实物见证

20世纪70年代的"农业学大寨"时期,曾经在乐圩乡附近挖掘出120余口楠木棺材,这些地方曾经是黄氏家族的领地。2000年我回故居祭祖,我亲眼见过一块棺材板,厚厚的,约有20厘米厚,黝黑黝黑的,但是仍异常坚硬。2008年我的朋友——一位学者,亲访乐圩镇,找到了我的表舅黄乐山(先师黄孟建的二儿子),老人给了他一块30厘米左右的这种木块,学者将木块拿到了南宁市农科院,经权威鉴定:金丝楠木!

当年参与挖掘的人回忆说:挖出的120余口棺材完全是统一的制式,显然是同一时期的产物。棺材里面没有任何的陪葬品,仅见人体的遗骸枯骨及土布衣服,遗骸枯骨大部分都是残缺不全的,缺手断足,很多还是没有头颅的,枯骨上面清晰可见不同的刀斧击打痕迹。一些在刚掀开棺材盖时甚至还可以看到陪葬的粗土布衣服上,残存着一整片黝黄黝黄的斑块,明显是人血遗迹,已有几百年的历史。最恐怖的是一具骷髅头上仍扎着古代的铁箭头,已穿透头骨盖,锈迹斑斑的箭头和白花花的头骨融在一起形成鲜明的对比,非常瘆人!

这些楠木棺材应有数百年历史了,因为楠木在当地已经绝迹近百年了。这些棺材刚挖出来仍然十分完整坚固,不腐不朽,滴水不漏,质地非常好。由于长期砍伐及气候改变等诸多因素,很多当地的人一辈子都没见过楠木,更别说见到完整的楠木棺材了!

在楠木绝迹百余年的地方,一夜之间又同时挖掘出那么多金丝楠木棺材,在广西的历史上应该是非常罕见的,具有非常高的历史、社会及自然研究价值。可惜当时由于社会政治背景，以及人们对文化历史的保护意识淡薄，再加上没有发现珍贵文物及陪葬品等诸多因素，这些金丝楠木棺材没有得到足够的认知和重视，于是这些珍贵的历史实物有些被肆意扔弃，散落在田间荒野任风吹雨打，烈日暴晒，有的被劈开当柴烧掉了，还有少数被当地的农民改作喂猪的食槽，数十年过去了，至今仍可以使用。珍贵的历史实物见证被无情践踏，现在想起来仍令人心痛不已。

上述这些情况都证实了家族传说并非是空穴来风：这些楠木棺材里的人都是死于战争，这场战争黄国裕损失了120余名峒兵后最终获胜，因为只有获胜，牺牲的峒兵才有可能用金丝楠木棺材厚葬，对于死者是至高的荣誉。由此可见，在当时那个年代，土司之间的战争是十分激烈频繁的，战争也必定是催化武力发展的直接因素，武力也是生存的唯一保障。因此，作为黄氏家族武力保障的昂拳，其作用、地位是十分崇高的。

三、凶狠的昂拳

昂拳究竟从何而来？又是何人所传授？昂拳原来是否也叫昂拳？等诸多谜团，现在已经无法得知了。先祖从何处迁徙而来？目前家族有几种不同的说法：有的说是白山司，也有的说是都阳和田州，还有人说是从山东随狄青南征侬智高而来的。后者的说法显然是不科学的，因为先祖的领地属于土田州下恩里，古时属于田州故地，光绪年改土归流后才设置恩隆县的，所以祖先应该来自土田州，但没有具体的文献资料记载，现在已经无法考究了。然而，从唯物辩证法和历史发展观分析，昂拳绝非个人所创，而是千百年来壮族先民在频繁的战争中，用血与火不断淬炼形成的武术技艺。

第一代先祖黄＊故于万历三十八年（1610年），出生于当地，其父率军到乐圩等地剿匪平贼（何贼不详，根据当时历史情况分析，最大的可能性就是"平瑶""灭瑶"），后黄氏家族一直在本地繁衍生息几百年，安居乐业，抵御外敌。那么据此来看，一直作为训练士兵的昂拳，最少有407年以上的历史。这种用于应付战争的武技一直延续到明末清初改土归流后。随着火器广泛使用，冷兵器时代结束，大部分传统武术不断受到冲击而衰落，但黄氏家人仍在中华人民共和国成立之前秘密练习，将其作为土司后人防止他人寻仇和看家护院的一种技艺，故昂拳能够顽强地保留下来，实属不易。昂拳传到本人已经是第12代了。

昂拳主要有徒手拳法和兵器格斗技法，其中兵器格斗技法的演练是套用徒手套路"空手拳"来练习，并提取惯用技法为专修，是为"拳械练用一致"。目前，从传承至今的壮族狼兵武技来看，均有"拳械一致"的明显特征。古时昂拳徒手格斗术共有8套，是8个兵种的武技，每套拳术均代表一支兵种，如"长枪术""刀盾术""双刀术"就分别代表"长枪兵""刀盾兵""双刀兵"等。其中比较特别的是"纷撒刀术"（壮语，其实物就是一种类似于无挡手的砍刀，也有专家考证后认为是"峒刀"），纷撒刀的外观与现在壮族同胞用的砍柴刀无任何差别，长短不一，是壮族先民用于生产劳动的一种工具，这也证实了古代壮族先民的半兵半农的性质。当侵略者闯入家园时，每一个善良的农民就变成一名狼兵，反抗除暴，保护家园。非常遗憾的是大部分拳术已经失传，现存的仅有2套半，是古代狼兵中的"腰牌兵"遗留下来的刀盾术、散兵拳。昂拳完整套路总共51个招式，但是有的招式是重复的动作及拜师式，故真正的招式是43个。昂拳的"昂"字，在当地壮语中有凶狠的、厉害的及坚硬之意。昂拳的招式名称全部使用农村生产生活常见的事物来命名，均为朴实无华的壮语，如"毒剖扣恭"（螃蟹捉虾）、"毒歪腾梅"（水牛撞树）等，形象、生动地表明每招式的格斗意图，易于领悟。

作为广西古代壮族土司训练狼兵的实战武技之一，昂拳有其鲜明的特点。

1. 礼仪

昂拳的礼仪是拜师礼，拜师礼（舞）是古壮族武术最核心的内容。其作用有：一是狼兵用于交往互敬的礼仪，如同春秋战国时各诸侯相见的互敬礼仪，表示对对方的最崇高的尊重，庄严而神圣。同时，拜师礼也是领主的地位的象征，如一方冒犯不尊重，就等同于向对方宣战，再相遇就是刀兵相见。可见拜师礼（舞）之重要性。故古壮族武术中有"教拳不教舞"之说法。不同土司、官阶、兵种之间通过拜师礼（舞）交往互敬，来表达对贵宾最崇高的尊重。二是狼兵出征前的祭祀祈祷仪式：古壮族武术的"内功"！先辈认为士兵在战场上决定生死的因素就是"勇气"，勇气在战场上对于士兵来说是最重要的，任何武器、武技都是次要的。激发勇气，克服心理恐惧是最主要的修炼方法。拜师是对先人的祷告，祈求祖先神灵护佑自己变得勇猛无比，攻无不克、战无不胜，通过自我催眠的方式完全使自己进入自我的状态，忘却一切对强敌的恐惧。所以也是壮族武术一直秘而不传的绝技了。用现代的思维来看，壮族武术内功在于实战的磨炼，用现代的术语来说就是"心理素质"的磨炼。三是土司部队人员管理、互相甄别的方法。不同的兵种由于兵器装备的不同，所以其拜师舞均有不同。刀盾兵、骑射兵、长枪兵各自战法不同，各自有自己的方法来达到这一目的，所以不同的兵种之间的拳舞就有所区别。昂拳的拜师礼有：起势"拜师"，收势"谢师"，中间有"上马礼""下马礼""回朝礼""谢师礼"等。持不同兵器的兵种则有"抖甲""拍盾"等礼仪，亦为战前检验兵种的手段。四是检验装备。上战场杀敌前接受土司的检阅，士兵通过不停的跳跃、舞动等肢体动作来检查自己的装备是否紧凑舒服，因为在战场上一个细微的纰漏就足以致命。

2. 兵器

有长枪、长刀、盾牌、标枪、双刀、弓弩、毒箭、"纷撒"（壮语，一种重心前置无护手的长砍刀）等。

3. 昂拳技法

作为战士训练杀敌的武技，昂拳师法自然，拳械通用，以拳练刀枪，拳势古朴，发力蛮拙，攻击意图通俗易懂，特别强调以特殊手段磨炼胆量和意志，激发本能战斗。其拳法、兵器、徒手格斗术共有 8 套，每套拳术代表一个兵种的格斗技法，均有独自的拜师礼及暗语联系方式，可惜的是大部分已经失传，现仅存 2 套半，为刀盾术及散兵拳。昂拳完整套路总共 51 个，除去其中重复的动作及拜师式，现存真正招式是 43 招，拳术中的每招每式均可由空拳变化为刀、枪的套路演练。这是由狼兵"半农半兵"的性质决定的：战时为兵，闲时为民。在土司严厉的制度下，峒民被迫经常练武，平日一般不配发武器，峒民在田间地头只有自行拿生产工具（如锄、木棒）练习或者徒手训练，故其拳械技法通用性极强，一举多得，融会贯通，极大降低训练成本。

徒手技法：头顶、肩冲、肘击、膝撞、拳打、脚踢、撕咬、夹手（类似反关节技法）8 种技法。

刀法：砍头、抹颈、刺心、破腹、刹手足，又称"纷撒 5 刀"。

总体而言，昂拳与国内传统武术套路风格有所不同。它是由许多招式组合而成的，在每个动作的前后一般都要停顿，变换格斗实战姿势，等待下一个招式的演练，如打马式换骑马式、左右换招等，与古泰拳、缅甸斌拳等非常相似，相似度几乎达60%，也有些类似现代军警的"军体拳""擒拿术"等，与传统武术讲究的连贯性、协调性、节奏性等风格差别比较大。

4. 战法

有"长枪术""刀盾术""双刀术"及"纷撒刀术"等8大类，大部分已失传，现唯一留存下来的只剩刀盾术与散兵术。兵器格斗技可分单兵术及群体组合两种操练。单兵术：主要是单人练习，动作幅度较大，左右兼顾，用于战场上单兵陷阵、个人厮杀突围及单兵打斗等，强调个人的能力；双练：两人一起练习，强调动作协调一致，左侧防左，右侧防右，向前突破，侧向防守等，形成左右兼防，左右合力杀敌的一种简单有效的打法；多人战：3人、4人、5人均可组合，此阵法非常有特色，可以随意组合，在打斗过程中可以随意加入1~2个队友，而阵法的结构仍然不变，形成一个简单实用、分工明确、相互依托、共同进退、协同杀敌的小型阵法，以发挥团队协作及各类长短兵器的最大杀伤效能。

5. 阵法

（已基本失传，从先师黄孟健口述中略知一二。）黄氏家族中有五人阵法："长枪在前，两侧刀盾，双刀断后"，其军法要求极其严厉，强化团体协同配合，战术分工明确。五人阵由长枪手（伍长）、刀盾兵（带标枪）、弩兵（带刀）、双刀兵组成，5人形成"箭矢"样结构阵型，有箭头破坚，箭翼切割，箭尾平衡（补给）等战法。对敌攻击时直取中门，两翼游走（刺中门割两翼），绝无后退，直进中门诱敌深入，进而分割截断，包抄歼灭，从两翼撤离，阵法十分简单而粗犷，但非常实用。

6. 功法

（1）挡木

也称"打木"，类似壮族两人对抗的"扁担舞"，是双方用棍棒进行相互碰撞的一种对抗的训练方法。主要练腰、肩、肘、腕、抗击及平衡能力。在古代战争的战场上，敌我面对面的厮杀，不论是群体队阵作战还是单兵搏杀，都不能避免与敌人进行碰撞，这种强对抗直接影响敌我双方的死生存亡。挡木这种貌似简单却十分凶狠实用的传统技法，讲究快速、灵活、实效性，在实战中的运用可千变万化，演变成数十、数百招式，其实用性及威力是不容置疑的。棍棒的上、中、下均可进行点与面方式的发力，力量角度转换包含很多物理运动学、力学等哲理，传统武术中所谓的"四两拨千斤""借力打力""连消带打"无不是人类在实战中智慧的结晶。要精通运用，并非一朝一夕之事。

（2）搓棍

主要训练肩部的灵活性。

（3）顶木

单人训练：放置一条木棍一头顶在腹部，另一头顶在地上，不停地来回走圈，功夫高者可以悬空旋转，主要是训练抗击打及平衡。双人训练：就是腹部顶杠，老少皆宜，练腰腹顶抗之力，两人相互顶木，将一方顶翻为胜。

（4）顶木球

主要训练肘部。抬起肘部，取"平肘"位（就是肩膀与肘关节、前臂平行），在肘关节部位上方放置一个小木球，通过上下、左右抬肘运动，不停击打木球，像用球拍玩乒乓球一样，保持木球不跌落，可以左右轮换。通过如此反复的训练，肘部、肩部的灵巧性可以得到很大的提高。

（5）打牛皮纸

练拳击打的穿透力。

（6）＊＊＊（名字不详）

将一段比较重的木头缠在左手臂上，进行上下格挡，主要训练持重型盾牌的力量及反应速度。

（7）砍飞木

取一条长40~50厘米的木棒，将它用力抛向上，然后待其下落时用手中的刀剑快速来回劈砍。木棒向上抛越高，下落速度越快，劈砍的次数越多，效果越好，对刀剑的控制能力越强。

（8）砍树叶

主要练反应及准确性。从山脚向山顶发出冲锋，沿途遇到每棵树木必须猛劈3刀，劈下3叉树枝。再从山顶飞奔而下，再砍再刺，周而复始，以高强度野蛮训练方法磨炼士兵的耐力及意志。古代狼兵十分重视在使用刀、剑利器砍杀时的准确性、快速性等技巧，强调"一击必杀"的功效。昂拳在拳术训练上沿袭这种古老的格斗理念，其宗旨是与之相符的。

(9) 滚盾

左手执藤盾右手执短刀，像猫一样身体缩成一团，往地上连滚数个圈，并同时将刀砍出，上砍、直刺、下劈。主要训练士兵在战场上不慎倒地后，如何在极不利情况下应变措施，保护自已，变被动为主动。据称功夫高强者从乱石林立的山坡上滚下，也毫发未损。此法也用于左、右刀盾兵在近战中互变阵式，是迷惑及分散敌人的注意力，为队友刺杀敌兵及砍断敌骑马腿提供契机的技法。

(10) 踢布条

练腿、脚的准确度及透劲。

7. 内功心法

昂拳先辈认为士兵上战场最重要的是胆气，任何武功兵器都是次要的。故采取特殊手段消除心理恐惧，激发本能战斗勇气，这是昂拳修炼的"内功"！这是最为关键的，其方法也比较野蛮，有焚酒喝鸡血、睡棺材底、喝地下陈年棺材里的"尸水"，以及关小黑屋子暴打一顿，以打掉初学者心中的"心魔"等这些看似野蛮、愚昧的手法。这其实是逐层使用反常规、非人道的手段考验和磨炼士兵的胆量和心理承受能力，逼迫其刻骨铭心地体会到暴发本能搏斗意识的重要性。此番"地狱"式训练出来的武士无所畏惧，敢于赴汤蹈火，"可死而不可败"。

下土棋。老少皆宜，练智力开发，启迪战术对抗。

8. 伤科　（佚失，待考）

9. 游艺　棋谷（壮语，老虎棋）

10. 用毒

黄氏家族善用"药毒"，据称一直到民国期间还有人使用。此术源于古时对付大型猎物，以虎、熊、野猪之类的猛兽为主，在箭矢上涂上剧毒药（该毒对食肉无影响），可以瞬间将猛兽置于死地，以弱胜强。后用于军事战争，其秘方配制主要成分为蛇毒及毒箭木汁等。另还有将迷幻（毒蘑菇）及窒息性药物通过饮用水、食物下药及烟熏的方法，使人和猎物产生幻觉，丧失判断和抵抗力。

现存完整的昂拳拳谱有：拜师式、起式、骑马式、打马式、先人指路、公达顶（壮话，不详）、晒谷晒米、杀虎插心、一步砍虎、打虎尾、山羊顶角、螃蟹捉虾、野马仰身、打虎尾、南蛇缠身、啊亚武（壮语，不详）、都外腾梅（水牛撞树）、度谷哈外（老虎咬水牛）、平地砸雷、躲身刺豹、度谷刀轴（老虎回头）、打马回朝、下马拜师。

总体来说，昂拳风格特点与传统武术的套路不同，与古代泰拳非常相似，以致当年我练昂拳第一次亮相时，很多人都认为是古泰拳。因为昂拳并非是以套路为载体的，其动作非常简单，是由单个格斗动作组合而成的，膝肘技法较多，可以形象概括昂拳的风格为"鬼头鬼脑，不弓不马，快慢无章，类似猴子满山跑"。粗略统计，昂拳现存的43个动作中，拳法10个，腿法8个，肘法13个，膝法9个，头撞2次，肩顶1次，撕咬3次。从中可以看到昂拳对于肘法、膝法、撕咬等具有重创性、杀伤性的招式尤为重视，强调一击必杀的效果。

四、先师黄孟健

尊师黄孟健（1905—1989年），享年84岁。广西平果县乐圩乡人，本人的舅公，是我奶奶黄莲氏的堂弟。奶奶的祖父黄金国是黄氏家族最后一位土司，父亲黄玉祥生了三女一男，而男孩在幼年时不幸溺水夭折了，为了传宗接代，黄玉祥就将弟弟的儿子黄孟健收为自己的儿子，视为己出。

黄孟健自幼随家族武师黄某某习武，精通昂拳古老格斗技法，颇得昂拳真传。后1948年参加革命，任中国人民解放军独立团（83团）指导员，我的父亲就是1949年在黄孟健的带领下参加革命的。老人门徒不多，据我所知主要是当年随老人参加游击队的本地青年人，他们在血雨腥风的战场上出生入死，凭借武功高强，身先士卒。在战场上，老人多次遇险脱身，在白刃搏斗中曾经应用古老的昂拳格斗技法，亲自刺死一名国民党格斗教官及地方反动民团成员3人。

"文革"前老人还珍藏许多家族及当地文献的手抄资料，这些资料有的已经有数百年的历史，对于研究古代壮族文化历史是难得一见的资料，弥足珍贵！但是20世纪70年代，当地公社领导党员干部，以及思想觉悟高的群众全副武装进行残酷的抄家。他们将黄大师拖到榜圩公社广场，将搜出的祖先土司遗留下来的衣服罩在老人的头上，让他背着一大捆搜出的古代兵器大刀长矛等，压弯了腰游街批斗。在无数的革命群众的唾骂中，这些"变天契"被一把火烧掉。随着缕缕青烟，这些承载着千百年壮族珍贵的历史永远散去，留给我们后人的是无尽的哀思！老人每提起这些伤心的事情，总不免簌簌泪流，老泪纵横。

老人生前曾经对我说过，当时在平治乐圩一带学习昂拳的白衣人还有十几人，大部分人都因战乱或养家糊口缘故远走他乡，有文化和武艺的白衣人大部分都当了师公，其他的就不可得知了。中华人民共和国后仅有榜圩镇上局屯里的黄海珠、黄英、黄超等几个人略通此武技，这些人都是当年在先师带领下投奔革命的黄家弟子。我最后一次见到黄英时，老人还亲自给我示范了几个昂拳动作和类似部队的刺杀术，对我说："这是担待指导员教我的，很管用。"黄英老人所说的指导员正是先师黄孟健。

五、岌岌可危的昂拳

昂拳从战争生死搏杀的技艺，后随着封建土司制度的瓦解，冷兵器时代的结束，最终沦落为封建门户看家护院的实战武术。据说为了防止黑衣人及瑶人的报复杀戮，昂拳的传教有极严厉的家法门规，只有黄家的白衣人才可以接触，绝不传外人。

据说当年门徒入门仪式很烦琐，且十分恐怖及极其愚昧，不仅焚酒喝鸡血，睡棺材底，发毒誓，甚至还喝挖掘出的陈年棺材里的"尸水"。在农村我们可以经常看到，挖掘坟墓的棺材时，一般的尸体溶解后产生的腐水，如果遇到质量好的棺材，密实不漏水，那么这些"尸水"就会淤积在棺材里，形成一潭黑绿幽幽的浆水，说是喝了白衣人尸骨的水，祖先的灵魂就会附在自己身上，可保佑自己逢凶化吉等。现在听起来都感到十分恶心，但是在那个愚昧落后的旧时代就是有人喝这种"神仙水"治病的！我曾经问过先师是否也喝过这种"水"？先师没有回答。

其实昂拳作为壮族古老武术的代表，用现代科学眼光看待这些现象，真正了解其内幕也没有那么神奇、恐怖。主要的原因不外乎：昂拳在古代主要作为战场杀敌的武术，掌握及精于昂拳技艺的人地位极高，后来随着时代的变迁，土司制度瓦解，火器广泛运用，他们的地位发生了根本改变。这些人迫于生活，在继承古代实战格斗技艺的同时，为了自身的利益，沦为封建门户的卫道士，不断通过各种手段夸大、神话这些武功，掺杂封建迷信，故弄玄虚愚弄百姓，以达到维护个人利益、尊严的目的。如此一来，昂拳与人民群众渐行渐远，最后成为传说。

2000年我又回到阔别多年的祖先生活的地方，令我感到失望的是，没有一个人知道昂拳，除了几个年事已高的老人依稀记得本地武术"本地南拳""师公拳"等，其余的再也寻不到昂拳的任何踪影了。当我与恩师的亲儿子谈到黄家的昂拳时，他们也是一脸茫然，不知所云。

14岁始随恩师黄孟健（昂拳、军拳唯一的传人）学习昂拳，至今已有37年了，而恩师仙逝也已近30年。回思往事，恩师音容笑貌仍历历在目，宛若昨日。而今在昂拳发源地的广西平果榜圩镇，昂拳竟然失传了，成了壮族"传说"中的文化！不由心痛如坠。作为昂拳的第12代传人，"弘扬壮族武术，发扬壮族武术，举步维艰，任重道远！"

作者（右）与唐曲先生（左）的合影

（2018年5月作者前往广州南沙对唐曲先生进行了专访，身后为即将落成的古壮拳馆）

第二节　昂拳拳术的部分技术展示

据昂拳传承人唐曲、黄家勇等人记述，昂拳原有8套拳法，但绝大部分失传，仅存"刀盾舞"一路及各种散招集成的"散兵拳"2套拳械功法。昂拳的产生地为红水河流域中游，历史上环境封闭，交通不便，也是原生态文化保存较好的大石山区。拳种拳械结构风格上具有古代军旅武术"拳械一致"的基本特征，其传承礼仪上均有古代武士的礼仪"拜师礼"和用于祈福的"祭祀礼"等礼俗仪式。现将昂拳部分拳术体系做一介绍。

一、拳谱

拜师式、起式、骑马式、打马式、先人指路、公达顶（壮语，不详）、晒谷晒米、杀虎插心、一步砍虎、打虎尾、山羊顶角、螃蟹捉虾、野马仰身、打虎尾、南蛇缠身、啊亚武（壮语，不详）、都外腾梅（水牛撞树）、度谷哈外（老虎咬水牛）、平地砸雷、躲身刺豹、度谷刀轴（老虎回头）、打马回朝、下马拜师。

二、招式动作具体解读

拜师式：将双手靠拢，放至下腹部，拳面相对。

起式：将双拳举过头顶，拳面朝外。

骑马式：出征骑马姿势。右腿、双臂弯曲，右腿向右侧跨出。

打马式：原意是打马驰骋、扯马缰绳的动作。左提膝屈臂，身体然后下潜，左手向下划出呈反抓手，双拳击出。

先人指路：右低扫踢及右大摆拳同时击打，然后右手臂变冲肘向前撞击。

公达顶（壮语，不详）：回防呈半弓步，右顶肘。

晒谷晒米：动作形如农民在谷场上晒谷晒米的动作，右腿向前方迈半步，左手揽挡，右肘砸击，然后身体右扭，左后肘撞击。

杀虎插心：二道发劲，接上姿势，身体左转成半马步，双手屈臂横于胸前，向下猛压，双掌插出。

一步砍虎：左腿向前一步，左手搂敌头，顶右膝，右砸肘。

打虎尾：右摆肘，再接右冲肘。

山羊顶角：双拳双臂下砸，头部向前顶，形如山羊顶角。

螃蟹捉虾：双峰贯耳，后双手变抓手，弓步变马步，向下拉至胸前，再双手向前插出。

野马仰身：右顶膝（或者蹬踢）。

打虎尾：已前述。

南蛇缠身：双手呈交叉状出击，右手缠抓，右顶膝。

啊亚武（壮语，不详）：古壮族武术是扫踢术，类似泰拳的砍踢，后冲肘。

都外腾梅（水牛撞树）：左刺拳，右大摆拳，左右飞膝，落地后出双拳。

度谷哈外（老虎咬水牛）：双手缠住对方，伺机咬住其颈部动脉，双手向下推、压，头部上扯。

平地砸雷：身体向上跳跃，右肘砸下。

躲身刺豹：右侧身呈半弓步，右直拳向斜方击出，左手搭在右手臂前，撩脚，左拧身摔法，右拳下砸。

度谷刀轴（老虎回头）：右脚跟左转，身体右转，右手反鞭拳。

打马回朝：双手双拳举过头顶，拳面朝外，呈交叉步。

下马拜师：仪式（保密，被访者拒绝示范）。

唐曲先生的弟子在其广州市区的南沙古壮拳馆合影

三、各招式技击功能透视

拜师式：将双手靠拢，放至下腹部，拳面相对。意为接受土司的武器之礼仪（原拜师礼因保密故部分删掉，以防他人盗用造假）。

起式：将握住武器的双手举过头顶，接受土司的检阅，然后上马出征。

骑马式：出征骑马姿势。在实战中为格挡防护敌人右侧进攻的招式

打马式：原意是打马驰骋、扯马缰绳的动作。实战招式为提膝屈臂防敌左侧扫踢，然后下潜抓敌下阴，扯拉，双拳击出。

先人指路：右低扫踢及右大摆拳同时击打，然后右手臂变冲肘撞击对方面部。

公达顶（壮语，不详）：顶肘。

晒谷晒米：动作颇似农民在谷场晒谷晒米的动作，在实战中格挡对方腿击，用肘砸对方的腿部，重创敌大腿肌肉，然后再用后摆肘撞击对方头颈部。

杀虎插心：二道发劲。屈臂下压，双掌插敌下阴，对付类似"箍颈顶膝"之类的招式。

一步砍虎：左手搂敌头，顶右膝，砸右肘，二道劲发力。

打虎尾：右摆肘，紧接右冲肘。

山羊顶角：双拳双臂下砸，头部撞击对方，形如山羊顶角。

螃蟹捉虾：双峰贯耳，后抓住对方的头发下扯，再插其双眼。

野马仰身：右顶膝（或者蹬踢，视远近而使用）。

打虎尾：已前述。

南蛇缠身：双手呈交叉状出击，缠抓，顶右膝，器械格斗为刀抹脖子。

啊亚武（壮语，不详）：古壮族武术是扫踢术，类似泰拳的砍踢，后

冲肘。

都外腾梅（水牛撞树）：左刺拳，右大摆拳，左右飞膝，落地后双拳猛击对方双肋。

度谷哈外（老虎咬水牛）：双手缠住对方，伺机咬住其颈部动脉，双手向下推、压，头部上扯。

平地砸雷：左手按压敌人，向上跳跃向敌后颈部砸右肘。

躲身刺豹：侧身避过对方攻击，右直拳击打对方肋部，缠手撩脚将对方摔倒，砸拳（砸敌方阴部，注：此处在新编古壮族武术规定套路已经改为"砸头"）。

度谷刀轴（老虎回头）：右手反鞭拳。

打马回朝：高举敌方首级展示，仪式。

下马拜师：二道发劲，左手纠缠敌方手臂，右手砸肘攻击敌左肘关节，再将对方拖倒在地，借助身体的转轴力量猛力向上扭转，造成敌方二次伤害，致敌肘关节、肩关节脱位等。反关节技。

四、动作图片展示

示范者为著名壮族武术、狼兵武技——昂拳的主要传承人唐曲先生。

第一式：拜师式

第二式：起势

第三式：骑马式

第四式：打马式

第五式：先人指路

第六式：公达顶

第七式：晒谷晒米

第八式：杀虎插心

第九式：一步砍虎

第十式：打虎尾

第十一式：山羊顶角

第十二式：螃蟹捉虾

第十三式：野马仰身

第十四式：打虎尾

第十五式：南蛇缠身

第十六式：啊亚武

第十七式：都外腾梅（水牛撞树）

第十八式：度谷哈外（老虎咬水牛）

第十九式：平地砸雷

第二十式：躲身刺豹

第五章 壮族武术典型个案研究

第二十一式：度谷刀轴（老虎回头）

第二十二式：打马回朝

第二十三式：下马拜师

第三节 包括昂拳的主流壮族武术传承谱系

根据文献查阅与实地考察调研，对河池市宜州屏南乡合寨壮拳、南丹县吾隘镇那湾壮拳、龙州县城区龙州镇龙州壮拳、平果县榜圩古壮拳的"传承谱系"进行了"根脉"的寻踪，绘制了壮拳源流谱系图。

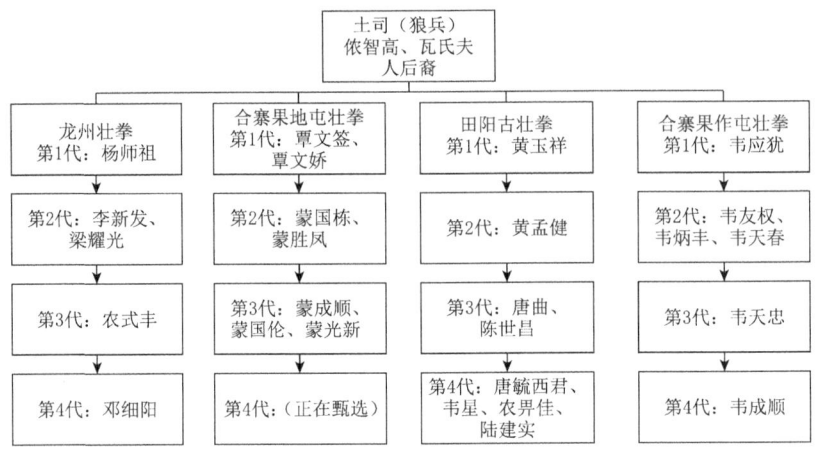

历代昂拳传承人，目前传承的12代如下。

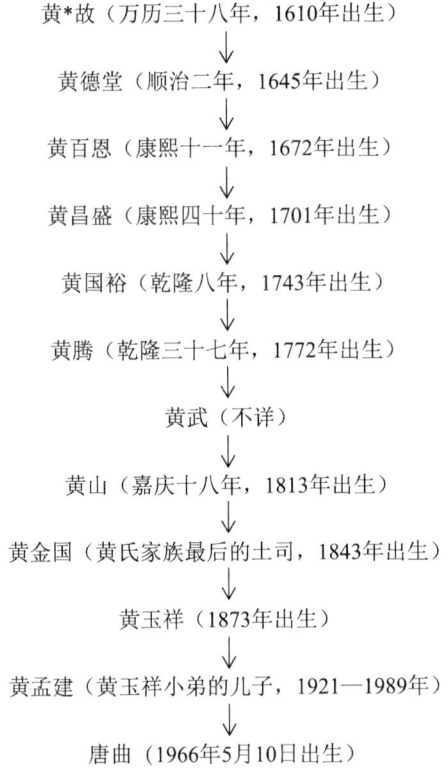

第四节 狼兵双刀的文化人类学分析

（被访者为黄氏双刀传承人黄家勇先生）

狼兵故里：兰阳旧州

古时壮族双刀术习练者众多，最著名者莫过于明代率狼兵远赴江浙抗倭的瓦氏夫人。文献记载金山卫之战，倭寇"南来金山，白都司率兵迎击，白被困数重，瓦氏奋身独援，纵马冲击，破重围，白乃得脱"。漕河泾之战因监军赵文华通倭，使狼兵身陷重围，"瓦氏披发舞刀，往来突阵中"血战群倭，体现了瓦氏过人的胆气，武艺之高强。吴殳的《器王正眼无隐录·双刀歌》更是赞誉瓦氏抗倭的功绩和双刀的凌厉，歌中提到"天都侠少项元池，刀法女将手授之"。说明瓦氏夫人确实把双刀术传与项元池。而项元池在"绕翠堂中说秘传"又把瓦氏双刀术传给了吴殳，最终瓦氏双刀术通过吴殳得以记载下来。由此可知，《双刀歌》是吴殳依据从项元池那里了解到瓦氏夫人的武艺和抗倭事迹，以及自己习练瓦氏双刀的经历与得失而写成的。

研究古壮族武术离不开文献的记载，虽然文献记载狼兵的武器多为枪、弩、刀、牌在团队作战的配合使用，但也提到双兵器在战场的使用。如明人邝露所著的《赤雅》野战条载:"临敌比偶而前,执枪者乍前乍却以卫弩,执弩者口衔刀而手援矢。矢尽,援弩夹刀,与枪俱奋。"此文提到弩手在矢尽之后"援弩夹刀",即一手持弩,一手持刀,与长枪手长短相兼相护,一同奋杀向前;若口衔双刀,矢尽之后将弩插在腰后,执双刀作战,这便是双兵器之术。文中所述弩手双兵展露无遗,可知狼兵步战双刀是和长枪相互配合制敌取胜的。弩手口中所衔的刀当为尺八长的短刀,约600毫米,所用的弩不会超过这个尺寸。由此可知,狼兵当时的弩手亦擅双兵之术,可惜具体技法不得而知。清代词人纳兰性德在《渌水亭杂识·三》提到壮族双刀术:"獠獞兵器,每洞各习一种。其习标枪者……发无不中。狼兵则专习笀,田州岑氏则习双刃,皆绝技也。"说明瓦氏双刀在清代仍在田州岑氏族中传承。在20世纪80年代曾展开过一场声势浩大的武术挖掘整理活动,于1984年整理汇编成《广西拳械录》一书出版,其中整理出来的"壮拳"系列里就有一套据说是瓦氏亲传的双刀术《雪花盖顶》[①],但是把这套双刀术的动作名称与吴殳所著的《双刀歌》和吴殳的另一著作《手臂录·短降长说》中提到的"田州土司瓦氏女将双刀降枪之法"进行对比后,并没有发现有明显的关联。其实只要仔细地分析不难发现,这套《雪花盖顶》与北派风格的双刀套路是非常接近的,且双刀的形制不明。就如同挖整出来的据说也是历史上用于训练狼兵的《八卦狼棍》一样,究其源也不过是清末一杨姓宫廷侍卫(桂平人)传入桂南龙州的少林洪家拳的《五郎八卦棍》而已。所以瓦氏双刀术是否遗存至今不得而知。壮族原生态的双刀术又是什么样子的呢?是否真的成为广陵散绝?其实,当我们把目光放在历史上曾是土司的家族后裔上时就会发现,在

---

① 广西壮族自治区武术挖掘整理办公室. 广西拳械录 [M]. 南宁:广西壮族自治区武术挖掘整理办公室, 1985.

红水河流域的都安高岭黄氏司公家族（思恩府安定司接学城头头目）所传的"黄氏武技"里便有完整的双兵技法。平果榜圩的黄氏土司家族（田州土州下恩里土里目）所传的"昂拳"里同样也有散传的一些双刀术。从高岭黄氏双刀术来看，双刀并无专门的套路，技法的演练通常是套用徒手套路"空手拳"来练，并提取惯用技法为专修，是为"拳械练用一致"。榜圩黄氏亦从昂拳中提取3个杀招作为土司家兵必练。但是这种套用"空手拳"的双刀术只是高岭黄氏武技"手拳部"衍生出的一种套路刀法，在黄氏武技短兵集成的"刀拳部"里还有一种极为古朴、简练的双刀技法，仅有一式，多种变化，且步骑通用，亦能以刀化拳，昔时的武士多喜练之。应当更接近古代壮族狼兵双刀术的原本面貌。

瓦氏双刀术是否还有流传？以何种形式传承？技术特点是怎样的？在没有找到瓦氏的传承前，通过解读《双刀歌》还是可以略窥门径的。以同为明代传下来的黄氏双刀术的架构为范本来解读《双刀歌》，同样也不失为一种可行的办法。以下先介绍黄氏双刀术的技术特点，再以之为基础解读和分析吴殳所著的《双刀歌》，并以此尝试探究瓦氏双刀术，最后介绍唐顺之所著的《武编·双刀》，同样也以黄氏双刀术来为之解析，以期还原明代双刀术的原貌。

基于田野视频资料的截图，现代版壮族人民演绎的瓦氏夫人狼兵双刀

一、黄氏双刀术概说

广西都安高岭黄氏司公家族（思恩府安定司接学城头头目）所传的武技体系由三部分构成，即以"空手拳"为主体的"手拳部"功技法、以短兵为主体的"刀拳部"功技法和以长兵为主体的"棍拳部"功技法。双刀属"刀拳部"的双兵器技法，分长双刀和短双刀两种，技法不同，但都注重以短入长为训练手段，而且都只有一个招式。今以"刀拳部"的双刀术来阐述黄氏双刀术的基本练用特征。

（一）双刀形制

壮族古传双刀的形制有两种，一是窄刃直刀，有环首直刀和雁翎刀之分；二是形如牛腿，壮语称为"样"的宽弧刃刀。无论窄刃直刀或宽弧刃刀，其刀长均不过肩，长约700毫米，刀柄末端秉古制皆为环首。

（二）行礼拜师

黄氏武技演武之前都要行拜师礼，是古代壮族武士的礼仪。拜师礼无论繁简，凡行礼皆由右至左，即遵循《道德经》所言"君子居则贵左，用兵则贵右"之原则。以《逸周书·武顺篇》"吉礼左还，顺天以立本；武礼右还，顺地以利兵。"[1] 而为之解也。仅就套路演练而言，有出式拜师和收式拜师，一般场合多行单式拜师礼。

其法：双手持刀上前一步立正，将双刀从身体两侧提至胸前交叉后平推

---

[1]罗家湘.《逸周书》研究[M].上海：上海古籍出版社，2006.

而出，即出式拜师，又称献刀礼。将双刀掉转以刀背贴手臂成收刀式，并将左刀交于右手，上前一步，右腿单膝下跪，右手倒持双刀贴小臂合抱于右肩前。此即收式拜师。从动作上来看，黄氏拜师礼更接近于古代军礼。

（三）基本刀法

斜身而立，双手持刀，刀刃向下交叉横于腹前；左脚上前一步，同时两刀刃向上合力交叉上架；右脚迅速上前一大步成大弓箭步，同时左刀外拨，右刀前劈。收刀回腹再交叉上架，上步劈左刀。双刀左右循环开合，四面出击。

（四）刀法概要

双刀术讲究以短入长，主要是以棍、枪等较轻的长兵器作为对抗的训练目标，实战中不宜与较重的兵器，如大板刀、狼牙棒等对抗。在冷兵时代，交战前在接敌的一刹那，下意识地手持双刀交叉防守，不假思索地左挡右拦，接敌多出于本能，祖先据此而强化成可防守反击的母招，并由此根据对抗的实际情况演化出各种攻防招法，且法无定法，式无定式。实战中一般应对左、中、右三个方向，由交叉防守而后攻杀而形成实际的一防一攻，例如，当敌械迎门劈击时，进步以双刀交叉上架敌械，如交叉的左刀在前则左刀外拨，右刀转把向前劈砍；或右刀拨架左刀顺杆削击；或右刀转把撩击；或下势横砍。当敌械由中路直刺或从左路横扫时，进步侧身以双刀交叉向左格挡，如交叉的右刀在前则左刀外拨，右刀顺杆向前横砍；或右刀上架，左刀斜砍；或翻身贴杆而入左砍右劈。

在实际的运用中，由上述的双刀交叉防守反击进而形成左右单刀防守反击，即"左刀格，同时右刀砍；右刀格，同时左刀砍"的两个攻防变招模式，刀法不出"劈、砍、撩、扫、抹、刺"六式的组合，如此便可形成更多的攻防相合的刀法。运刀时攻防同步，易于变化，也更加快捷，刀法接二连三而出，势如破竹，故多用于实战。正如《道德经》所言"一生二，二生三，三生万物"之理。无论采用何种攻防刀法，运刀时要步随刀走，刀要护腿。拨杆进身，顺杆削手，得势时以大弓箭步击杀。

黄氏双刀术步骑通用，骑战时，双手持刀交叉平于胸前呈金绞剪式，接敌时所用的攻防技法与步战无异。"刀拳部"所承载的双刀虽只有一个招式，却包含了双刀的各种技战术，无论练用皆攻防同步，且法无定法，式无定式，可谓至精、至简、至易，应当是古双刀术的原貌。

(五) 基本功法

用双刀之类的双兵械所要求的臂力较使用其他兵械要大很多，如无强劲的臂力运使，则双兵械只可用于协调训练，不宜用于实战。故练双刀之类的兵器应先增强臂力，次练肘腕的灵活，再练反应和速度。以下是刀术的一些基本功法训练。

增强臂力：其法不外乎提举和挥舞重物及倒立行走，以及内功增力等方法。

拧腰活腕：以拇、食指环扣短棍，其余三指拨棍柄，以腰为轴做左右甩手旋腕舞花。里旋即刀法的下截，外旋即刀法的上架都是防守技法。

砍悬挂短棍：将短棍平行悬吊半空，然后用双刀击打。

砍凌空飞木：用双刀将短棍挑向空中，然后用双刀使用各种方法击打，不使短棍落地为要。

（六）脱刀化拳

把刀术脱化成拳术并非是假想双手持刀空练，而是化掌指为刀首，前臂为刀身，肘为手柄。大体而言，因掌的打击力度不如拳大，故多握拳；前臂以肘为轴循刀法轨迹施以压、挑、劈、斩等；肘击即刀走空时来不及回刀则以柄撞击或砸击等；实战时防控中节即刀法中的伤手技法等。空练时先双拳置于腹前呈步战双手持刀式或双拳提至胸前呈骑战持刀式作为拳桩，上步两肘左右撑架而起，左手旋腕或拿或压，右手则握拳或成掌向前劈打，即高桩打；左臂屈肘撑架而入，下沉穿底进身，右手随势以穿锤勾击，即矮桩打。基本技法多循刀法而用，如刀尖向前拧旋前刺（出锤）；反撩刀（扳锤）；左右撩刀（穿锤）；反劈刀（挂锤）；挑格劈刀（劈锤）；斜砍、横砍、下插、下拨格（穿地锤）；左右格刀（单光）等，不外乎左防右打，右防左打，连环组合交替。出拳弯曲，以斜击中，只进不退，见招打招，法无定法，式无定式，皆循刀法而用，是为"刀拳"也。

（七）小结

黄氏双刀术虽仅一母式，但所施技法全面，可谓至精、至简、至易，从拜师礼仪起手到脱刀化拳，使今人得以一窥古代壮族武技的原貌，充分体现了明代狼兵武技"拳械合一"的特征，堪称古代壮族双刀术的活化石，为研究其他遗存的明代双刀术提供了珍贵的研究范本。

二、以《双刀歌》试探瓦氏双刀术

明嘉靖年间（1554—1555年），瓦氏带领7000狼兵到江浙一带抗击倭寇，战功显赫，其个人的武艺也被载入史册。明人谢肇淛在《五杂俎》中赞道："国朝土官妻瓦氏者，勇鸷善战。嘉靖末年，倭患，尝调兵入援浙直。戎装跨介驷，舞戟如飞，倭奴畏之。"又据张鼐的《吴淞甲乙倭变志》载，瓦氏夫人在一次战斗中因监军赵文华强令狼兵冒险出战，又故意泄露军情给倭寇，使瓦氏中了倭寇的重兵埋伏，瓦氏和狼兵血战漕河泾，赵文华又阴令诸将不救，致使"群倭围瓦氏数匝，杀其家丁数人及头目钟富，瓦氏披发舞刀，往来突阵中，所乘马尾鬃为倭拔几尽，浴血夺关而出。马上大呼曰：'好将官！好将官！'尽愤。当日，诸将拥甲不前救也。"此役恶战瓦氏麾下的钟富、黄维等14名头目阵亡，狼兵亦损失惨重，可瓦氏没有受伤，可见瓦氏武艺之高强，刀法之严密。但是，瓦氏双刀术到底是怎样的？田州岑氏的后人是否还在传习？在没有挖掘出真正的瓦氏双刀术之前，通过解读吴殳的《双刀歌》和《短降长说》来推演当年的瓦氏双刀术应该是可行的。《双刀歌》既有赞誉瓦氏武艺高强之词，也记载了吴殳当时练习和领悟双刀术的过程和经验得失。也许是"秘传"的缘故，歌中也使用了一些隐语，使人难以解读，今尝试以一家之言从"黄氏双刀术"的技术角度来解读和分析《双刀歌》，或许能揭开藏在历史迷雾中的瓦氏双刀术的面貌。

《双刀歌》释义：

岛夷缘海作三窟，十万官军皆暴骨。

凶残狡诈的倭寇侵犯沿海，朝廷派遣十万官军前来征剿却损失惨重。（嘉靖三十四年，即公元1555年6月7日，来自日本的仅有53人的倭寇从浙江绍兴上虞地区登岸，洗劫浙、皖、苏三省，攻掠杭、严、徽、宁、太平等州县20余处，直逼留都南京城下，横行80余日，杀死、杀伤官兵四五千人，包括

1御史、1县丞、2指挥、2把总，最终被明朝大量官兵围歼。）

石砫瓦氏女将军，数千战士援吴越。

国之砥石瓦氏女将军，率领数千狼兵战士增援吴越之地剿杀倭寇。（吴殳把石砫宣抚司女将秦良玉和瓦氏相提并论，因两人的历史有惊人的相似：据朝鲜使臣黄中允在《燕行录》记载："马门秦氏能文墨，熟兵书，马上用八十斤双剑，凡女兵四十余名。"抗倭时期的瓦氏以岑氏家法布阵，以擅用双刀闻名，随行的女亲兵也有四十余名。嘉靖三十三年，瓦氏率田州、归顺、东兰、南丹、那地各土州的狼兵共计7000人马，行程近万里，历时三月之久到达江浙一带抗倭。）

纪律可比戚重熙，勇气虚江同奋发。

狼兵严明的军纪可比后来的戚家军，可死而不可败的精神鼓舞了江浙军民共同奋发抗击倭寇的士气。（瓦氏出征会师时曾誓言："此行也，誓不与贼俱生。"）

女将亲战挥双刀，成团雪片初圆月。

女将军亲临战场挥舞双刀冲阵杀敌，刀光闪闪犹如一团滚动的雪片，又似初升圆月般圆转。（文献记载漕河泾之战因监军赵文华通倭，使狼兵身陷重围，"瓦氏披发舞刀，往来突阵中"血战群倭。可见瓦氏高强的武艺和过人的胆识。）

麾下健儿二十四，雁翎五十齐翕忽。

麾下跟随着24名勇猛的健将，身边的四十多名女亲兵挥舞着50把雁翎刀迅捷地破阵砍杀。（瓦氏麾下的24名健将里的定律三虎、秣马五豹都是黄姓。曹河泾之战损失头目14名，其中就有定律三虎中的黄维。诗中也明确地指出了瓦氏及其麾下狼兵杀倭用的战刀是雁翎刀。）

岛夷杀尽江海清，南纪至今推战伐。

倭寇被剿灭后沿海从此恢复平静，在南方的传记里直到现在还推崇瓦氏杀倭的战绩。

天都侠少项元池，刀法女将手授之。

有"天都侠少"之称的项元池侠士擅长双刀绝技，他的刀法是得到女将军的亲手传授。

乙亥春杪遇湖上，霜髯伟干殊恢奇。

乙亥年的春末与侠客相遇太湖上，此时的项老已是须发霜白，但身躯仍显得高大伟岸，气宇不凡。

谓余长矛疏远利，彼已填密须短器。

项老指出我的长矛虽然擅长远距离的攻防，但是在对方突进后的防守还必须靠短兵来弥补。（疏为远，密为近，填为补。意为长短相兼、相护。狼兵的阵法中有长枪手和刀弩手相互配合作战，形成长短相兼、彼此相护的战法，而长枪手亦携腰刀一口以备近身搏杀。)

    绕翠堂中说秘传，朔风六月生双臂。

  于是在绕翠堂中项老为我解说瓦氏秘传的刀法，只见项老两臂舞动双刀犹如六月飞雪，寒气逼人。(项元池老侠士向吴殳传授"田州土司瓦氏女将双刀降枪之法"，老侠士深厚的功力再现了当年瓦氏双刀的凶狠凌厉。)

    侠士不久归天都，余手精熟如鼓枹。

  可惜的是老侠士没过多久便回归天都，而我运用双刀的手法也如同挥舞鼓槌一样精熟。(吴殳借"鼓枹"说刀法，形容双刀挥舞犹如疾风骤雨的鼓点一般。)

    犹意左右用如一，每当碓斗多龃龉。

  在实战当中希望能把双刀左右运用得一致，可是每当对战接招的时候却很难做到攻防协调。(碓斗：对战接招。龃龉：指双刀配合不协调。)

    眼前两臂相缭绕，殊觉神思非清虚。

  由于运刀的时候，两臂在身前不断地相互回环旋转，使视线受到干扰，导致精神和心绪出现了杂念。

    后于渔阳得孤剑，只手独运捷于电。

  后来从渔阳老人处学得单剑术，一只手独自运使能迅捷如闪电。

> 唯过拍位已入门，颇恨不如双器侧。

只是格开对方兵器的同时，身体已随步法突入对方的门户，此时明显感到单剑不如双刀那样能攻防同步。（"侧"同"仄"，指攻防节拍。）

> 乃知昔刀未全可，左右并用故琐琐。

这时才知道自己对昔日所学的刀法并没有完全领会，以至于左右并用时不能得心应手。

> 今以剑法用右刀，得过拍位乃用左。

现今把剑法套以右刀来用，抓住机会格开敌械的同时进身用左刀击杀。

> 手眼清快身脚轻，出峡流泉风撼火。

临战时手快、眼清、身轻、脚灵，方能进退横斜，变化多端，如同出峡流泉无常形，风摇烛火无定式。

> 始恨我不见古人，亦恨古人不见我。

由此我不禁感慨不能和古人（瓦氏）相见，也很遗憾古人（瓦氏）在生前没有遇见我呀。

由文献《双刀歌》到瓦氏双刀技术实体的现实剖析如下。

（一）《双刀歌》实际上已大体勾勒出瓦氏双刀的技术特征

《双刀歌》有三处提到瓦氏双刀的特征：瓦氏亲临战场挥舞双刀如"成团

雪片初圆月",项元池解说的"朔风六月生双臂",吴殳演练的"眼前两臂相缭绕"。从这一主线可以看出项元池传吴殳的瓦氏双刀当为双刀术中的两臂交叉回旋绞花,也只有绞花才会"两臂相缭绕",才能"朔风生双臂"乃至"成团雪片初圆月"。(这在现今南派的双刀套路里很少见,但是在北派的双刀套路里比比皆是,难道是当年瓦氏双刀的滥觞?)吴殳赞誉瓦氏舞动双刀形同"成团雪片初圆月",也隐示了瓦氏双刀是步骑通用,步战时两臂回旋绞花,刀光闪闪,如同滚动成团的纷飞雪花;骑战时左右抡刀劈砍的轨迹如同初升的圆月。

(二)吴殳练习双刀及"碓斗"实践的困惑

吴殳在实践中遇到"犹意左右用如一,每当碓斗多龃龉。眼前两臂相缭绕,殊觉神思非清虚"的问题。这里吴殳提到的"碓斗"即一对一地对战接招。左右不协调是因为交叉舞刀容易干扰视线,自然也会影响心神。交叉舞花也不利于开步进击,而且一刀击出遇阻不能快速划过则会妨碍另一刀击出。所以双刀非两臂劲力强大者不用,这就是为什么已是"霜髯伟干"的项元池舞动双刀还能"朔风六月生双臂"的原因。(同时也说明年过半百的瓦氏虽为女流但臂力强劲不输男子。)实际上绞花是刀术的基本功,正绞练劈砍,反绞练撩击。由于双臂交叉挥刀,所以开步不大,如用于实战则只适用于人多时近身混战,仅以撩劈而无开大步进身的攻防手段是不宜以短入长的。

(三)学习渔阳剑法领悟双刀以短入长的实战用法

吴殳在其著作《手臂录·短降长说》提道:"我直进迫近彼枪,使彼不得不实发,实发则不过单杀手,我可以一革竟入矣。迫近彼枪,乃田州土司瓦氏女将双刀降枪之法，而余移之于枪者也。"由此可知，项老侠客虽然向吴殳传授了"彼已填密须短器"和"迫近彼枪"的双刀降枪之法，但"侠士不久归天都"，而吴殳当时也只是练至"余手精熟如鼓枹"，并没有完全理解和掌握"一革竟入"的要领，以至于"左右并用故琐琐"。

吴殳通过向渔阳老人学习了单剑法之后，掌握了"短兵进退须足利……扑身枪尖迫使发"的以短入长的要领，也认识到单剑的"只手独运捷于电"的优点和"唯过拍位已入门，颇恨不如双器侧"的缺点。即使用单剑打开并进入对方门户的同时却不能像双刀那样攻防同步。这时他才领会到瓦氏双刀"一革竟入"的降枪（单杀手）技法，也是双刀的接敌攻防技法，即"一刀防，同时一刀攻"。相比较而言，单剑或单刀"一革竟入"由两个节拍完成，而双刀则是一步到位同时完成攻防两个动作。这时才明白"乃知昔刀未全可，左右并用故琐琐"。

"今以剑法用右刀，得过拍位乃用左"。以渔阳剑法的"侧身左进龙门亟"和"侧身右进虎门易"的战术走位来让开枪尖，从左右两侧斜进并用剑格开枪杆（格开的位置即"拍位"，在枪的中段为宜），同时上步（已入门）出左刀击杀。实际上单剑法能套右刀来用，同样也可以套左刀来用，进而根据实际情况随机产生出各种法无定法、式无定式的刀法。

（四）通过解读和分析《双刀歌》大体可推演出瓦氏双刀的技法架构

瓦氏双刀是以舞刀绞花为主体的回环刀法，又分正绞和反绞两种。正绞无非就是"左右回环劈刀"，反绞即"左右回环撩刀"。用于实战可根据绞花的轨迹分拆为"一刀劈一刀抹""一刀劈一刀撩""一刀撩一刀抹""一刀撩一刀砍"等各式基本刀法。实战中以《短降长说》的"迫近彼枪，一革竟入"为技战术指导,将上述基本技法套用"左刀革,右刀入""右刀革,左刀入"的攻防模式,即可产生各种法无定法、式无定式的双刀技法。

骑战破阵时采用以肩为轴的交叉绞花,可避开马首进行左右回环劈砍,也可以体现出"成团雪片初圆月"的刀法风采。

"今以剑法用右刀,得过拍位乃用左"则是吴殳以渔阳剑法套双刀的实战用法,以渔阳剑法的"侧身左进龙门亟"采用"现刀势"待敌,即右刀在身前,向左前斜进格住来枪,左刀几乎同时向前或劈,或插,或撩,或抹;制敌在于第二刀。以渔阳剑法的"侧身右进虎门易"采用"隐刀势"待敌,即右刀在身后,向右前斜进与左刀同时格开来枪,右刀顺势抹削,左刀再向前或插,或撩,或劈;制敌在于第二刀和第三刀。至于瓦氏双刀是否可以脱刀化拳《双刀歌》中没有提到,但有一句"余手精熟如鼓枹"让作者想起曾在南湖畔见一老者握拳为槌,以鼓法捶击侧立的青铜鼓以示范顽童,在作者眼中,老者的槌法与拳法无异。

三、唐顺之的《武编·双刀》透视

明史载唐顺之学无所不窥。于天文、乐律、地理、兵法,莫不究极原委。武艺方面以温家教育术见长,此外还广博众长,他在三十六七岁时曾向一位河南人杨松学习枪法。《武编》是唐顺之的武学著作,但书中不少内容像是通过收集得来的,其中记录的双刀术极为简练,明显有别现代所见之各派令人眼花缭乱的双刀套路。唐顺之(1507—1560年)和瓦氏夫人(1496—1555年)是同时期人,同时期出现在抗倭的战场,对于瓦氏及狼兵不可能没有过接触,唐顺之的新鸳鸯阵便是取法于《岑氏家法》,或许《武编·双刀》取法狼兵双刀术也说不定,因为当时也只有狼兵有双刀的编制,瓦氏也以双刀术闻名抗倭战场,且当时明军在训练及技战术上也曾师法狼兵。明郑若曾的《筹海图编》有载:"于本处应募民兵中,择其最骁勇者,各照狼兵、土兵之法,编为队伍,结为营阵,象其衣甲,演其技艺,习其劲捷,随其动止饮食。以一教十,以十教百,推而上之,日渐月染,若与俱化,斯隐然示狼、土兵之长技在我,又足以分其势,制其悍气,而资我实用。"无论唐顺之的双刀取法何人,有一点可以肯定,《武编·双刀》成书于抗倭时期。

《武编·双刀》

他若使一伏虎打我头,却以左手监住,右手一抹刀。若被他彻(撤)棒走了,番(翻)身一抹刀。

他若使一水平枪来扎我,却以右手监住,左手一抹刀。

他若使一秃龟来折(斫)我脚面,以左手监住,右手斫虎口。

他若使一单提来打我膀,不拘左右,以手监住,一抹刀。

他若使一老僧拖杖扫我脚,以左监住,右手一抹刀。若彻(撤)棒走了,就削虎口。

他若使一横龙枪来扎我,以左手监住,右手一抹刀。

他若使一先人教化来戳,以左手监住,右手一抹刀。

他若使一老鹳衔食来斫我脚,以刀十字架住,一刀就斫虎口。

他若使一鞭铺来打我,以右手监住,左手一抹刀。

他若使一举手朝天来打我,以刀左手监住,右手一抹刀。

他若使一虎歇势来打我,不拘左右,一手监住一抹刀。

用者有法。

不难看出，全文虽然列出了 11 种双刀以短对长的方法，有的长兵进攻招式虽不甚明了，但双刀的攻防总结起来也就是"以左手监住，右手一抹刀；以右手监住，左手一抹刀；双刀十字架住，一刀就斫虎口。"这三个基本刀法，加上文章末尾的"用者有法"四字。《武编·双刀》记载的双刀对枪棒的技法和《手臂录·短降长说》的双刀降枪之法"一革竟入"技法相类，更是和流传至今的"黄氏双刀"出奇的相似，可惜没有介绍步法和主次之分，以致后人对此双刀的复练存在一些不确定的因素，往往形成不同的理解。由于《武编·双刀》与同为明代传下来的"黄氏双刀"极为相似，因此，以"黄氏双刀"为基础，对《武编·双刀》注以步法来对此刀法做一次整理总结复练。

（一）待敌势

双刀刀刃向下交叉叠于腹前斜向待敌。使用此式待敌则视野开阔，有利于审时度势。

双刀刀刃向前，两刀一上一下横于胸腹前斜向待敌。此式在于心理紧张时能本能地做出相应的攻防动作。

（二）攻防技法

对方从左、中、右三路打来，则上步进身，"以刀十字架住，（上步）一刀就斫虎口"。双刀交叉上架前劈即黄氏双刀的母式，通过循环开合的攻防得以下两式。

其一，对方从左路或扎、或打过来，则向右前方上步进身，同时"左手监住，右手一抹刀"；其二，对方从右路打来，则向左前方上步进身，同时以

"右手监住，左手一抹刀"。以上述左、右两式为基础，实战时随机应变，如下式：对方从中路打来，则"不拘左右"向左前方或右前方上步，同时以"一手监住，一手抹刀"。需要注意的是，这里的防守用的是"监"，是看管的意思，不让对方回撤变招。这和以刀剑斫枪杆进行粘杆是不同的，因为枪杆多以坚韧的硬木制成，且枪又以旋杆的方式击刺，刀剑未必能顺利斫入枪杆。这就需要进身以刀格住长枪的中部以上位置，使枪尖远出我身后，这样即使对方迅速抽枪回撤，我刀还是能格（监）住枪杆。这里的"监"也是吴殳在《双刀歌》中提到的"拍位"；进攻用的"抹刀"指的是横砍；以刀从上往下顺杆砍削是"斫虎口"；以刀顺杆横削是"削虎口"。所以实战型双刀的攻防无非是进身的同时以一手以刀监住拍位（打开对方门户），一手抹刀（制敌于第二刀），整个攻防动作一气呵成。

(三) 追击技法

如若对方摆脱监位拖枪撤走，则紧随其后再发一刀。以下是对付敌方攻上三路未得手随即后撤的跟随杀法："他若使一伏虎打我头，却以左手监住，右手一抹刀。若被他彻（撤）棒走了，番（翻）身一抹刀。"枪法的伏虎式为劈枪，动作短促有力。我上右步以左刀格，同时右刀横砍；他若抽枪后撤，则背侧向我，此时我向左后转身以左刀向后横砍。此即转身贴杆而入，左手向后发出第三刀。

如对方攻击下三路未得手随即后撤的跟随杀法："他若使一老僧拖杖扫我脚，以左监住，右手一抹刀。若彻（撤）棒走了，就削虎口。"这里左刀向身侧截击，护住左腿，右刀可横砍，也可顺杆反撩虎口；敌拖杆后撤，则左刀再顺势尾随贴杆撩击削虎口。此即上步近身贴杆而入，左手顺杆削出第三刀。

（四）技法释要

文中敌方使用"秃龟"和"老鹳衔鱼"的攻击目标都是斫脚，可我方防守反击的技法却不相同。"秃龟"当是敌以低姿矮桩攻击我脚面，自当以一刀监住，一刀斫虎口。而"老鹳衔鱼"同样也是斫脚，我方却是双刀交叉架住，一刀斫虎口，似有不妥之处。既然是双刀交叉架住，敌方当是攻击我方头部，而不是斫脚。所以"老鹳衔鱼"应是双手高举枪棍由上而下扎击的技法。"举手朝天"应是放长击远的单手抡棍劈击技法。左刀应是顺势监住，右刀横抹。"单提"也是单手执棍，由下往上抽扫的技法，攻击目标为敌方臂膀。左来左格，右来右格，故而可不拘左右，一刀监住，一刀横抹。"水平枪"是中路枪法，速度快捷，直进直出，我方可向左进身侧击，用右刀监住，左刀横抹。"横龙枪"是喻枪为龙，人左右横跨执枪谓为横龙，如此我须向右近身至敌左侧（变化死角）用左刀监住，右刀横抹，如此可避敌枪右侧之变化。"虎歇式"是矮桩挑击，攻击目标多为对方手臂，故而应来势不拘左右，一刀监住，一刀抹击。其余之"先人教化"是高平枪，"鞭铺"是横扫，应对之法不外是一刀监，一刀抹。

（五）小结

通过简要地解析，可见无论是《武编·双刀》还是"黄氏双刀"，两者的攻防技法相通，不外是一刀监，一刀抹，制敌皆在于第二刀和第三刀，而且刀法异常简练，并无今之常见的高难奇巧之花法。这种实战刀法同样须练至"手眼清快身脚轻，出峡流泉风撼火"。方如文末所言"用者有法"也。

四、结语

通过介绍"黄氏双刀术"展示了壮族古老的双刀技法,并解读分析吴殳的《双刀歌》和《短降长说》,以此推演项元池传吴殳的"瓦氏双刀"的"一革竟入"的双刀降枪之法,得以略窥历史上"瓦氏双刀术"的风采。成书于明代的《武编·双刀》更是详细介绍了以短降长之技。将三家技法逐一解说后,可使后人得以一窥明代的双刀技艺的原貌,可以说都是战场上的至精、至简、至易的实用杀招,并非后世所见到的以套路为载体的刀法。"黄氏双刀"是以双刀交叉上架前劈的回环刀法为标志,而项元池传吴殳的"瓦氏双刀"应当是以双刀交叉回环的绞花为标识,实战技法没有根本的区别,都讲究"眼明手快身轻脚灵,出峡流泉无常形,风摇烛火无定式"。传世的黄氏双刀术至精、至简、至易,原汁原味地继承了明代狼兵双刀技艺,且步骑通用。较之《武编·双刀》的技艺,双刀技法更灵活,更丰富,更完善。对研究古代狼兵武技具有极高的参考价值。

本章小结

壮族武术源远流长,是中华民族文化遗产的重要组成部分,千百年来勤劳勇敢的壮族先民不断创造着优秀灿烂的历史文化。继往开来,在新时代形势下,壮族武术作为促进各民族兄弟团结友谊的桥梁,增强中华民族凝聚力,推动社会主义文化大繁荣大发展,发挥了其巨大的作用。以爱国主义为核心的民族精神,以改革创新为核心的时代精神,以早日实现中华民族伟大复兴为目标。这是"兴国之魂、强国之魂"！

流传于岭南一带的古代壮族武术，又被誉为"南拳始祖"。"狼兵鸷悍，天下称最"。壮族先民的强悍、骁勇善战是举世闻名的。嘉靖三十三年（1554年）倭寇来犯，在民族危难时刻，田州土司壮族女英雄瓦氏夫人亲率领7000名战士驰骋千里，奔赴东南沿海参加抗倭斗争，一支强悍的壮族军队——"狼兵"纵横在抗倭前线，狼兵凭高超的武技在抗倭前线冲锋陷阵，所向披靡，屡建奇功，打破了倭寇不可战胜的神话，迅速地扭转了战争局面，获得了"广西狼兵雄于天下"的称号。抗倭名将戚继光、俞大猷曾吸取壮族武术技艺训练他们的队伍大败倭寇，并已传入江浙一带，广泛流传，对江浙、福建、广东沿海一带的武术发展的贡献巨大。

光阴似箭，日月穿梭，随着时代的变迁，壮族优秀的武术文化并没有消失，仍一直保存在八桂大地这片热土上，生根发芽，茁壮成长。为了继承和弘扬壮族人们的优秀传统文化，挖掘古老的民族技艺，在英雄瓦氏夫人的故乡，广西百色市古壮族武术协会将昂拳作为古壮族武术规定动作向全社会进行推广。

第六章 壮族武术与民俗的互动审视

壮族是中国人口最多的少数民族,是南方地区的土著民族。古代南方地区生产力水平低下,战争频繁,为了生存与野兽凶猛搏斗,这练就了壮族人民坚忍不拔、悍勇的性格,形成了尚武的传统。武术在壮乡不仅有着悠久的历史,而且保留着壮族独特的习俗。在有着一定历史的南丹县芒场镇拉者村黑泥屯的壮族传统"三月三"民俗演武节上,群众表演的山歌拳、狼兵双刀

(2017年9月,作者在河池南丹调研期间,与演武节的多次组织者黄怀刚老先生合影。身后就是仿照旧时演武点将台而新建的集生活、防御、阅兵于一体的古式建筑)

等系列节目都与武有关,原汁原味地展示了壮族人民独特的风俗民情。然而,在现代文化的冲击下,壮族武术的发展逐渐落入低谷,探究壮族武术与民俗的关系,对壮族武术的保护、创新和弘扬有着积极意义。

第一节 民俗是壮族武术滋生的根基

民俗是指一个民族或一个社会群体在长期的生产实践和社会生活中逐渐形成并世代相传、较为稳定的文化事项,包括风尚、习俗、信仰、仪式等。在生活生产过程中,壮族村落的民众们根据自身的生存和发展需要,创编了极具民族特色的具有健身、防卫、娱乐功能的传统武术。在壮族的土司文化、图腾信仰、山歌等民俗文化事象中都深深地纹刻着武术文化的印迹,武术文化作为传统文化的重要组成部分,体现了民族尚武精神的内核。

一、尚武习俗——壮族武术传承的民俗基础

壮族村落大都具有浓郁的尚武习俗,这一习俗的源头之一是古代壮族漫长的土司制度。壮族土司制度有着长达千年的历史,形成于宋代,繁荣于明代,崩溃于清代,是封建王朝用来统治壮族地区的民族政策,其目的是"以夷治夷"[1]。其实质是封建领主制,虽比封建制度落后,但在当时的历史条件下是适合于少数民族地区的一种特殊制度。土官既是政治上的最高统治者,又是当地的大领主,掌握着军权,军事上实行土兵制度,以种官田、服兵役的方式,把农奴组织称为土官武装,通过训练军队来维持土官统治和供王朝

---

[1] 李莹,李雨衡. 土司军事武术的发展研究 [J]. 军事体育学报, 2017, 36 (1): 125-128.

征调，壮族武术也在这片土地上茁壮成长了起来。

有史记载，明朝嘉靖年间，日本海盗入侵我国江浙沿海，明朝皇帝呼吁全国征兵围剿，黑龙山武将黄坚任选为"抗倭先锋"[1]，南丹、那地等六州狼兵首战告捷。在嘉兴驿站歼敌数千，明皇帝赐书奖谕成为狼兵。其军队训练所使拳术即为狼兵拳，为壮族武术的一种。现尚保留展现在南丹芒场演武节上。再如明代壮人，男孩长到十来岁，就要教他练武。当地土司积极提倡群众习武，群众也崇尚武术，每年冬闲时节，壮乡的各个村寨都会聘请师傅传授武艺。这种习俗经久不衰，一直延续到中华人民共和国成立之后。民族土司文化作为载体，成就了壮族村落武术的快速发展并走向繁荣[2]，还对壮族地区生产力的提高、社会经济的发展，对加强民族间的交流和融合、捍卫多民族国家的统一起到了积极的作用。

二、信仰习俗——壮族武术传承的精神力量

图腾是古人对大自然的崇拜，运用图腾来解释神话、民俗民风是人类历史上最早的一种文化现象。壮族是稻作民族，人们十分爱护青蛙，蛙文化也成了壮族图腾文化的重要组成部分，并且是壮族所特有的图腾。在壮族，青蛙又被称作蚂拐，传说中，壮乡人们认为掌管风雨的不是龙王，而是青蛙女神，当地壮族人民把蚂拐当作神来供奉。每年的大年初一至二月二期间，红水河沿岸的壮族村寨会通过祭祀蚂拐，祈求年年风调雨顺，岁岁五谷丰登，四季人畜兴旺。由此，国家非物质文化遗产壮族蚂拐节成了广西民俗的"活

---

[1] 周勇，张伟，单琛蕾.壮族武术文化的传承困境与发展路径探析［J］.四川体育科学，2018，37（4）：23-25.
[2] 史一凡，张银行.传统民俗与武术起源的关联性研究——以南京高淳"跳五猖"为例［J］.当代体育科技，2018（18）：243-245.

化石"。

蚂拐节至今已举办多年，并逐渐走入了大众的视野。经过田野调查，在蚂拐节上随处可见青蛙图像，壮族村落的传统武术也得到了良好的传承。首先，从器物层面上来说，蚂拐节使用了传统武术的器械。例如，为了庆祝蚂拐节的到来，壮乡人用木棍木筒相互敲击，其中所使用的木棍与传统武术中的棍术所使用的器械如出一辙。其次，在每一次蚂拐节的活动中必不可少的就是武术表演[①]，如上刀山及当地传统刀术表演等。蚂拐节不仅展现了壮族人民对神灵的敬仰，更是展示了本族人民的勇敢神武。

除了蛙图腾，较受壮族人崇敬的还有牛图腾。据调查，每年在广西南丹县芒场镇拉者村黑泥屯上举办的"三月三"演武节，是当地人们为纪念先人而举办的节日。"斗牛斗"运动一般都是作为传统表演项目。在进行"斗牛斗"表演时，当地人利用竹篾编成大牛角，将牛角戴在手上进行"群牛"拜。根据当地民间解释，这项运动主要有纪念抗击唐朝军队获胜、祭祀人类始祖黄帝、祈求风调雨顺、五谷丰登等意义。"斗牛斗"运动不仅体现了壮族的图腾文化，更是处处蕴藏着传统武术的元素。首先，双人、多人、阵式等表现形式与传统武术有异曲同工之处。其次，"斗牛斗"运动不是一般的趣味游戏，而是对战双方力量的真正对抗，进行格斗时的一些动作与壮族拳术的招式极为相像。

三、山歌习俗——壮族武术传承的独特载体

壮族山歌历史悠久，从盘古开天地至今，几乎人人能歌善唱。传说古壮

[①] 邵钰淇. "一带一路"中壮族传统武术的"文化纽带"作用——关于壮族非物质文化遗产保护与传承系列研究之二 [J]. 广西教育学院学报，2016（6）：28-31.

人是用山歌跟先祖布洛陀对话的，可以说只要有壮族人聚居的地方就有山歌。壮族山歌淳朴、自然，歌谣题材十分广泛，田间地头、红白喜事、大小节日都是少不了山歌的。尤其在壮族"三月三"的时候，歌圩活动更是隆重，人们以歌会友的同时还会有抢花炮、抛绣球等民族传统体育项目。

为了深入了解壮族武术与这片"以歌代言"的土地擦出了什么样的火花，作者走访调查了广西河池市南丹县芒场镇。通过与壮族村落武术传承人何孟卓老人交谈，作者了解到，在壮族有一种山歌拳是通过一边唱山歌一边练武术的形式进行的，且深受人们喜爱。山歌拳是壮族"三月三"演武节的传统项目，这个项目是在演武比赛时，女青年担心心爱的男朋友初次上战场心里害怕、拳术套路混乱、被敌方打到，女青年就以唱山歌为号子提醒的拳术套路，以便战胜对手，获取比赛胜利，有着易记、锻炼、娱乐的价值。何孟卓老人已75岁，现在仍坚持每天早晨练拳，从老人的言谈举止中可以深深地感受到这位隐藏于村落的"武林高手"对壮族传统武术的热爱与敬重。此次走访有幸亲眼见识了纯正的山歌拳，老人先是拿出了一直珍藏的拳谱，拳谱经过老人的演绎变成了极具民族特色的山歌，配合着壮族拳术的一招一式，刚劲有力。很难想象，这两种广西优秀的传统文化竟可以这么和谐地融为一体。山歌拳是广西武术和广西山歌相结合的传统项目之一，也是广西武术和广西山歌紧密结合的产物，它不仅表现了壮族人民崇勇善武的武士精神，同时也体现出当地人丰富多彩的生活娱乐需求。正因如此，山歌拳才能够吸引着广大人民的喜爱，得以继承与发扬。

第二节 壮族武术对民俗文化的反哺

民俗活动为壮族武术的发展提供了一定的平台,有一定的推动效果,甚至可以认为,民俗是武术滋生的基础。另外,武术不单单是形体动作,还有很强的技术性及很深的文化内涵。武术的竞技、健身、娱乐等功能对于丰富和推动民俗活动又起到了关键作用。

一、壮族武术对生产生活习俗的反哺

壮族武术可以强化壮族村落的生产习俗。壮族武术是接地气、重传统的民族体育项目,从器具上来说,壮族村落常用的钉耙、镰刀、鱼叉等农用工具在壮族人手里都摇身变成兵刃和武术器械。在传统体育项目"斗牛斗"中,壮族村民手臂戴着竹牛角,进行力量对抗。多人对战格斗时,各村寨摆成的阵型也是模仿了耕畜牛的形态,进行互相攻伐,既接地气又能原生态地体现出壮族人民的农耕生产生活,并且丰富了民俗活动的内容,使民俗活动变得更加有意义。"斗牛斗"表演保存至今更多地包含了祭祀人类始祖黄帝、祈求风调雨顺、五谷丰登的含义。

壮族武术可以强化壮族村落的生活习俗。例如,语言是人们进行沟通交流的主要方式,壮语是少数民族壮族特有的语言,壮族武术可以强化壮族村落的语言使用习俗[①]。其一个重要表现是部分壮族武术的套路及招式的名称仍

---

① 黄友军. 壮族民间传统武术的传承与发展研究——以广西百色市为例 [J]. 百色学院学报,2014,27(6):98-100.

用壮语命名，如"昂"拳的"昂"，便是壮语译音，意为"凶狠的""厉害的"。透过语言就可以直接感受到昂拳刚劲有力的风格，以及壮族人民坚忍不拔、奋勇向前的民族特征。再如，壮族特有的武术项目——山歌拳，一边唱山歌一边练武术的独特形式恰好体现了壮族人民踏实淳朴的生活民风和能歌善唱的民俗。

二、壮族武术对道德礼仪习俗的反哺

武术礼仪[①]是习武者共同遵守的最基本的道德行为规范，是习武之人文明礼貌的体现。壮族是尚武民族，壮族拳法有明显的民族风格，古代壮兵出征前，大都有传统的仪式。有拜师、上马等祈福仪式。从拜师学武到套路口诀中，无处不彰显了民族的传统礼仪与尊师、谦忍的中华美德。

通过走访调查"中国村民自治第一村"——广西宜州合寨村，了解到当地有一位 74 岁高龄的老拳师蒙成顺，在与其交谈中，进一步了解了壮族武术中的礼节礼仪。蒙成顺老人说，距今他共教了 45 馆徒弟，武馆一般都设在当地条件较好、场面宽敞的人家。开馆第一天一般都比较慎重，要"看日子"，选吉日。傍晚时分，开始开堂。"开堂拳"相当于拳师的"首演仪式"，一是给乡亲们见识一下拳师的功底，二是震慑准备"踢馆"的捣乱分子。开堂拳打完，拳师对弟子们进行武德方面的教育。关键是最后一句，就是问在场的弟子和观众，还有没有要试功夫的？如果有，请上台。如果没有，以后也不要捣乱，不要逼师傅亮出撒手锏。训诫完毕，马上祭拜祖师爷。斩下公鸡头，血滴入碗，师傅徒弟都要喝一口，表示愿随师傅学艺，从此将认真刻苦，保

---

①王明建.武术发展的社会生态与社会动因［D］.上海：上海体育学院，2013.

证不辱没师傅名声。众人行毕大礼，开始练武。这些礼节无疑为壮族传统武术项目的传承增添了很多仪式感，并与壮族当地传统的祭祖仪式相得益彰。不仅体现了壮族人民骁勇、果敢的尚武精神，也表现了弟子们对师父的无上尊敬。这种美德在芒场镇何孟卓老人提供的《山歌演唱套路大刀刀术》的拳谱中也有所体现。最后两句写道，"右马向前刀一刺，收马敬礼要收刀"。其中清晰地道明了壮族人民谦逊、文明的民风民俗。尊师、重道、谦和、忍让，不仅是儒家人伦规范下武林各派共同尊奉的道德标准，更是中华民族的传统美德[①]。中国武术与中国伦理的源远流长也从壮族武术的礼仪中很好地折射了出来，武德伦理无处不在，是中国作为"仁义之国，礼仪之邦"的缩影。

三、壮族武术对村民行为习俗的反哺

壮族武术的发展及其动作风格都深受当地地理环境、风俗习惯和壮族文化的影响。在古代，为了抵御外敌入侵，出现了举世闻名的狼兵。明代文献《明英宗实录》卷三十五记载："狼兵素勇，为贼所惮。"狼兵大多是壮族人，他们多来自地势复杂的大山，爬山、爬树、游泳更是样样精通。在这样的山区雨林环境中，壮乡艰苦的生活环境练就了壮族人民超乎常人的身体素质，形成了壮族人民团结互助、吃苦耐劳的民族精神。令敌人闻风丧胆的便是狼兵的骁勇善战和团结统一。狼兵军队在训练时所使用的狼兵拳，作为壮族武术的一种，现在仍可在芒场镇演武节上欣赏到。

壮族武术与当地民俗联系密切，除了地理环境、生活习性的影响外，在武术动作中还有很多招式是以当地牲畜为原型的，例如，在壮族传统武术套

---

① 李兵磊. 非物质文化遗产视域下的广西古壮拳文化研究 [J]. 大众文艺, 2013（1）: 1-3.

路"擒工大王拳"中有一招叫作"飞沙走石",其原型就是壮族武术里的"吗都奴"(狗撒尿)。

第三节 当代民俗变迁背景下壮族武术的自我调适

村落传统武术是我国传统文化体系中的重要组成部分,蕴含着丰富的文化内涵、艺术价值与历史价值,在构建村落体育文化、维护村落稳定发展中发挥着至关重要的作用。随着时代的变迁、社会的进步及当代民俗的改变,壮族武术为寻求生产与发生,也产生了变化,进行了自我调适,实现了在保留传统风格特征的基础上,以武术表演的形式进行推广,并具有了集体性、规范性、稳定性、传承性等民俗特征,在村落管理中具有了维护、教化、调解等功能[①]。

一、以文化认同为核心,注重武德传承

文化认同是促进文化可持续发展的重要影响因素。因此,以文化认同为核心,深化与彰显壮族武术文化特色,对壮族武术传承与发展具有积极影响作用。由壮族武术传承方式可知,口传身教的"师徒制"是壮族武术传承的主要方式,这在一定程度上促进了师傅与徒弟之间的关系。师傅在进行授业解惑过程中,承担着徒弟思想品德的教育,注重个性行为素养的修炼;徒弟在学习过程中,奉行"一日为师终身为父"理念,将师者品质与学者精神进

---

① 杜晖,张忠杰. 民俗:传统武术传承的载体 [J]. 阿坝师范高等专科学校学报,2012,29(2):48-50,86.

行弘扬。与此同时,壮族武术注重"真诚与真实",实现了自然美与生活美的有效结合,对生活艺术进行了完美再现,呈现出独具特色的武术美,而这种美是一种永恒的、长久的美,使壮族武术虽"蛮"但是不"俗"[①]。

二、紧跟时代变化,赋予壮族武术新功能

改革开放之后社会进入到高速发展阶段,政治、经济、文化发生了巨大的改变,在此背景下,村落管理模式及人们的生活水平、生活习惯也相应发生变化,人们文化素养、文化意识、文化追求得到提升。在传统民间文化复兴时,面临着国外文化思潮的冲击与挑战。基于此,壮族武术应明确认知时代变化对其之影响,直面自身存在的问题,进行调整。例如,面对壮族武术活动运动参与群体"儿童与老人多过青壮年"的态势,面对壮族武术训练过程中,个体性活动日渐减少的现象,壮族武术进行了训练模式与传承方式的革新,即以"武团"的形式进行训练,以武术表演与武术竞赛的形式进行传播与推广,并借助多媒体、教育教学进行传承与弘扬,从而使更多人认识壮族武术,了解壮族武术,激发人们对壮族武术的学习兴趣[②]。此外,壮族武术以武术文化为核心,将传递民族精神、弘扬民族文化、促进社会秩序稳定、团结群众、增强民族自信心作为主要功能,在保留壮族武术历史价值的同时,增强其艺术价值、文化价值,赋予武术时代性,从而推动壮族武术优化发展。

---

①杨琴. 广西壮拳研究 [J]. 中华武术(研究),2011,1(5):36-38.
②胡玉玺. 登封传统武术村落发展研究——基于非物质文化遗产视角 [J]. 文体用品与科技,2018(4):54-55.

本章小结

壮族武术和民俗间有着紧密的互动关系。在民俗变迁及当前高速发展的政治、经济、文化背景下，发扬和完善中华民族传统体育项目——壮族武术是义不容辞的。壮族武术需从加强文化认同、创新壮族武术的新功能等方面做出自我调适，才能不被掩埋于社会文化思潮中，才能长留历史舞台。

第七章
以壮族武术为代表的少数民族传统体育在社会治理中的参与路径

2018年1月19日,国家体育总局、国家民委联合颁发的《关于进一步加强少数民族传统体育工作的指导意见》指出:"少数民族传统体育是我国宝贵的文化遗产,深受各民族群众的喜爱,在传承发展优秀传统文化,促进各民族交流交融,提升各族人民体质健康水平,丰富各族群众精神文化生活方面都发挥着重要的作用"[①],因而有挖掘其多元价值,进而服务国家经济、政治、文化、社会和生态建设的必要。换言之,少数民族传统体育作为携带着强大民族文化基因、蕴含着丰富民族文化故事、有着多重民族记忆和严重族群认同的身体文化,欲在新时代、新思想、新矛盾、新目标的今天、在"体育强则中国强"的国家意志和政治诉求中焕发蓬勃生机、赢得可持续发展态势,就必须积极地站在国家与民族的高度,成为服务社会的参与者和奉献者。与此同时,学界对少数民族传统体育文化研究进展的归纳中又指出"少数民族体育文化研究在理论和实证方面与社会现实问题联系的相对较少,对当代社

---

① 文化宣传司. 国家体育总局 国家民委关于印发《关于进一步加强少数民族传统体育工作的指导意见》的通知 [EB/OL]. (2018-01-19). https://www.neac.gov.cn/seac/xxgk/201801/1072663.shtml.

会存在的价值功能研究相对匮乏"①。因此，社会治理现代化背景下，少数民族传统体育有哪些属性可以为民族地区社会治理做出贡献？其固有的秩序逻辑与价值又有哪些？又有哪些恰当的手段和路径保证其秩序功能得以施展？本书认为，在田野调查的基础上，结合少数民族传统体育具体实例来梳理其文化的内生秩序逻辑，厘清其在未来社会治理中秩序建构的着力点与路径极具现实意义。

第一节　民族地区社会治理的现代化

无论是检视著名史学家黄现璠主编的《壮族通史》（1988年），还是梳理著名壮学家张声震主编的《壮族通史》（1997年，上中下三卷），抑或是精读壮族研究学者李富强、白耀天的《壮族社会生活史》（2013年，上下卷），都能看出在我国自秦汉大一统以来的国家治理发展进程中，中央对民族地区的治理实践经历了不同的关系模式。首先是朝廷与民族地区治理结构的整体性与多样性并存，天下一统与怀柔羁縻共生。如秦汉、唐代的羁縻政策与羁縻制度，宋元明代的土司制度，以及明清以来的"改土归流"等；其次是近代以来国家主义视域中中央对民族地区管理的内地化。如民国旧桂系与新桂系在广西政坛的更替实现了从"桂人治桂"到"建设广西、复兴中华"的变迁；最后是新中国成立后现代统一国家内的民族区域治理，统一与自治结合、民族与区域兼顾，践行着中华民族多元一体的治理格局。这三种关系模式渗

---

①陈振勇．我国少数民族体育文化研究热点问题分析与展望［J］．成都体育学院学报，2014，40（1）：20-24.

透着数千年来多民族国家治理的重要传统和宝贵经验,其中注重差异性前提下的尊重民族地区传统基层自治文化当属首要。党的十八届三中全会提出了"推进国家治理体系和治理能力现代化",那么如何实现少数民族地区基层治理的现代化?毋庸置疑,"强化民族地区社会主体民主参与、社会协同治理机制建构、政府服务理念转变以及社会法治体系建立"[1]是社会治理现代化的核心要义。进一步聚焦,欲达此目的其操作路径上就需要"充分发挥民族地方文化多样性优势,调动各民族社会治理的积极性,让各民族社会治理能力现代化真正成为内源式的现代化,这才是民族地区基层社会治理体系和治理能力现代化的明智选择"[2]。意即欲实现合法性与效率完美结合的善治,各少数民族传统文化建设依然是民族地区基层社会治理现代化的根本。少数民族传统体育文化作为少数民族传统文化的重要一脉,当然也是文化建设的重要环节。况且面对少数民族传统体育在当代传承与发展的困顿,少数民族体育文化也有必要在服务于社会中求发展。因此,在双赢的发展契机与语境下,少数民族传统体育在民族地区社会治理现代化中寻求突破而有所作为就提上了日程。

第二节 少数民族传统体育文化内生秩序的不同维度

英国人类学家费思在其著作《社会组织要素》中指出:"如果认为社会是由一群具有特定生活方式的人组成的,那么文化就是这种生活方式。"并进一

---

[1] 王虎,王磊.民族地区社会治理的现实依据与逻辑基础[J].贵州民族研究,2016,37(10):61-65.
[2] 贺金瑞.中国少数民族传统基层社会自治体系及其现代治理启示[J].中央民族大学学报(哲学社会科学版),2016,43(5):5-11.

步强调："文化就是社会，社会是什么，文化就是什么。"① 从中不仅看到文化与社会的共生共存关系，也看到了文化之于社会秩序生成的基本理路。正如赫德利·布尔（Hediey Bull）所指出，"秩序是指导致某种特定结果的格局，一种旨在实现特定目标或价值的社会生活安排"②，那么生活安排逻辑，文化即社会中人群遵循的精神价值、社会规范和行为准则，在潜移默化中往往发挥着价值导向、道德示范、文化认同、关系调适、社会整合等治理作用。少数民族传统体育只不过主要是以身体活动为方式的文化，同样有着少数民族文化的内生秩序功能，在社会的发展中影响和建构着相应的社会秩序。

一、价值导向的秩序影响

"价值是人类生活中的一种特定现象，它存在于人的一切活动中，以各种形式表现出来。人类的一切实践活动都和价值紧密联系，追求价值实现不仅是人类一切行为的目的、意义所在，还是人们积极活动的最终动因"③。由价值建构的价值观对社会中个体的思想、行为及主观能动性的调动都起着主导作用。众所周知，不同于军事、法律、政治对社会管理具有的强制性，文化的社会治理是通过影响人的思想和行为，进而从内而外的转化的过程。因此，由文化中价值导向所产生的社会秩序无疑对民族地区的社会治理效果影响最为深沉和执拗。只不过少数民族传统体育文化对价值导向的表达更为直观、鲜明、纯正罢了，"龙舟、舞狮、秋千、跳蚂拐、踩风车、芦笙舞、竹竿舞、

---

① 谢新松. 文化的社会治理功能研究 [D]. 昆明：云南大学，2013：40-45.
② BULL H. The Anarchical Society: A Study of Order in World Politics [M]. New York: Columbia University Press, 1980: 1.
③ 孙建青. 当代中国大学生核心价值观教育问题研究 [D]. 济南：山东大学，2014：174-175.

背篓筐、独竹漂等民族传统体育项目，它们背后大都隐含着自然力崇拜，体现着敬畏自然、爱护生命的价值追求"①。作者与课题组成员为聚焦具体项目的价值导向，在教育部人文课题基金的资助下，在2018年春节后对被誉为"壮族蚂拐文化第一村"的广西天峨县六排镇纳洞村的蚂拐舞又一次进行了调研，发现蚂拐舞有着祈求雨水、生殖隐喻等主要的价值导向。

2013年南丹县壮族蚂拐节　　**2018年天峨县壮族蚂拐节**

壮乡作为稻作文明的发源地，其农业的丰歉与气温和雨量息息相关，而在气象科学极不发达的时代，在观物取象与农耕经验的直觉思维中往往根据蛙鸣来判断天气变化。正如人类学家弗雷泽所说："青蛙和蟾蜍跟水的密切联系使它们获得了雨水保管者的广泛声誉，并经常在要求上天下大雨的巫术中扮演部分角色。"② 于是在蚂拐崇拜中建构的蚂拐舞首先是为了祈祷风调雨顺，保佑农业的丰收。然正是这种价值诉求导向了壮人保护稻田益虫的社会规则。壮族妇女农秀英告诉我们："我们这的人都非常尊敬和喜欢青蛙，许多地方不准杀青蛙。大人看到小孩乱捉青蛙会制止，还要"la"（壮语，意为严厉斥

---

①孙庆彬，朱波涌. 民族体育文化研究的立足点、期望值和方法论 [J]. 西安体育学院学报，2012，29（4）：474-476.
②弗雷泽. 金枝：上册 [M]. 北京：中国民间文艺出版社，1987：110-111.

责）孩子们。我们在田间劳动，看到青蛙要小心绕行。"至今，东兰、田东、田阳等地仍然禁止捕杀青蛙，个别村落有禁止吃青蛙的习俗。这种与大自然和谐相处的价值导向，以及对大自然的尊重在蚂拐舞的"祭蚂拐""葬蚂拐"中体现得淋漓尽致。与此同时，蚂拐舞还有生殖隐喻的价值导向。"蛙类是女性的生殖象征。蛙的大腹，象征着母性怀孕的体态；蛙卵的繁多，更为那些盼望有众多子嗣的人们所倾慕。蝌蚪，一方面和象征着女性生殖器官的贝壳中的软组织相类似，又和男性的精虫有点相近，更容易被古人看作阴阳交泰的感生物。"[①] 整个蚂拐舞表演过程中，由两位女性站在祭台击鼓指挥和对歌中成对男女通宵达旦唱情歌的环节，都凸显壮族妇女显赫的社会地位及生殖崇拜中对母系社会遗风的展示。蚂拐舞中呈现的生殖崇拜对壮人的生育观有着严重影响，多子多福的生育观也对社会治理带来不小的冲击。纳洞村蚂拐舞传承人向宝业告诉我们："以前壮人一个家庭育有五六个甚至七八个孩子很正常，由于兄弟们多而去别家上门入赘的大有人在，只不过随着社会的发展，这种观念也在淡化。"同样，侗族抢花炮有着"求福、求子、求财"、壮族抛绣球包含着"求偶、交友、娱乐"、苗族拉鼓有着"追怀祖先、彰显宗族力量"等的价值导向及丰富意涵，这些民族传统体育项目文化价值导向中的内生秩序对社会治理都有着形塑与指引作用，在此不再一一赘述。

二、道德示范的秩序规训

道德示范隶属示范教育，往往是基于蕴含较大道德价值的人或事的展播，将道德规范和道德愿景人格化、具体化，以摸得着、看得见的生动案例来对

[①] 辛立. 男女·夫妻·家园 [M]. 北京：国际文化出版社，1989：24.

人们道德观影响的过程，极具说服力、感染力和教育效果。置身其中的示范客体人群在深受道德规范和道德理想的规训下就会建构一种基于共同认知的道德观的社会秩序。这种机制下的社会秩序形成的事例在少数民族传统体育文化中多得不胜枚举，其道德示范往往通过少数民族传统体育活动中参与人员资格的审查来彰显。如课题组在对百色西林的壮族"舞春牛"调研中发现，"舞春牛"的参与者一般由德高望重的艺人出面挑选，对象是那些遵规守法、敬重长辈、头脑灵活且善歌善舞的村民，道德表现不佳者不予考虑；三江县林溪乡侗族抢花炮中的"还炮"仪式中，只有那些被认为社会形象好，生活令人羡慕，为人让人尊重的族人（如其家庭表现上首先是父母长寿，命运较好，通过诚实劳动致富，遵纪守法，无赌博、酗酒等不良嗜好）才能担当还炮之人。这种重德敬贤的体育资格衡量过程充斥着的"见贤思齐见不贤而内醒"的诉求对基层社会秩序的建构起到了良好的示范作用。其实道德示范在这些人员选拔过程中彰显的内生秩序尚属一般，其强烈的道德示范往往在仪式中体现。

以瑶族传统社会价值和生活实践的"自然实体"为主要内容的瑶族"还盘王愿"仪式为我们提供了一个很好的范例。内含长鼓舞、舞草龙、瑶歌、上刀山、下火海等瑶族民俗活动与传统体育文化的"还盘王愿"祭祖仪式展示了瑶族非物质文化精髓的同时，也处处彰显着权威和威望存在下的内生秩序功能。涂尔干"将仪式看成社会生活的实践过程，而其中的'神圣/世俗'的关系和行为被看作二元对立的基本社会分类"[①]。沿此逻辑，以点带面地审视"还盘王愿"仪式中作为神圣表征的师公和世俗代表的祭品酒就可以窥见仪式中对道德高扬下的秩序内生。2016年作者和课题组在桂林恭城瑶族自治

---

① 彭兆荣．仪式中的族群历史记忆［J］．百色学院学报，2015，28（4）：60-65．

县调研中发现,"还盘王愿"仪式中的师公往往是瑶族德高望重的、经过专门传承的男性来担当。仪式结束后这些"师公"回归村寨的农民生活,上山砍柴、下地种田是其同其他族人无异的生活日常。但当问到瑶族民众在社会生活中如何看待师公蒙老爹时,村民盘长龙说:"老爹德高望重,具有法力,肯定和我们不一样。"也就是说,仪式的神圣色彩和"师公"神—人相通的"使者"身份使得平时生活中师公的道德魅力得以放大,对族人生存空间中的社会秩序有着积极影响。与此同理,在盘王祭礼的"许愿""还愿"中都不可或缺的祭品——酒,也有着通灵祖先盘王品德,表达祖先英雄崇拜的效果。参与仪式者可以在仪式中共同举杯,也可以酩酊大醉,饮酒的过程不仅是瑶族特定社会传统中建立、明确人际关系和朋友的过程,也通过酒的迷幻效果来实现在神圣/世俗的交换中对祖先的缅怀。此时的酒犹如莫斯《礼物》中所说的"总体呈现体系"①,其具有祖先道德权威的民族风情表达建构了深具瑶族文化的社会秩序。

三、文化认同的秩序生成

认同是指人与人对共同或相同的事物进行接受和赞同;而文化认同②是指人们之间或个人同群体之间的共同文化的确认。使用相同的文化符号,遵循共同的文化理念、秉承共有的思维模式和行为规范,是文化认同的依据。不言而喻,文化认同不仅是规范熟人社会的普遍存在,而且置于该群体社会中在维持社会秩序面向同样具有举足轻重的作用。文化有很多种,调研发现,这些衍生于民族宗教、风俗习惯等渐次形成的文化传统在少数民族传统体育

---

①莫斯.礼物:古式社会中交换的形式与理由[M].汲喆,译.上海:上海人民出版社,2005:7.
②崔新建.文化认同及其根源[J].北京师范大学学报(社会科学版),2004(4):102-104,107.

文化中都有所体现。如壮族蚂拐舞的文化源头是蚂拐崇拜，侗族抢花炮的心理诉求是请神灵赐福添丁，苗族爬坡杆的精神内涵是追怀古代英雄孟子佑，瑶族"长鼓舞"则充溢着颂扬盘王功德的始祖崇拜意蕴。实践表明，在民族地区的社会治理中"任何一种法律，倘要获得完全的效力，就必须使得人们相信，那法律是他们的，而要做到这一点，则不能不诉诸人们对于生活的终极目的和神圣的意识，不能不依赖法律的仪式、传统、权威和普遍性。最能够表明这一点的乃是传统"①。其实传统就是共同认同的文化，正如布迪厄的实践理论所描述的那样：与其说是文化在控制人、奴役人，倒不如说是人在利用文化和顺应文化。少数民族传统体育也就是以身体活动方式来体悟这种文化与传统，在无声中建构着社会秩序。

2018年广西"三月三·民族体育炫"活动期间，作者和课题组在柳州三江侗族自治县富禄乡的"抢花炮"活动中发现，人们在轰轰烈烈的运动中总是有所为有所不为，看似一片混乱的抢花炮，总是给人一种秩序的写意。如抢花炮的出队总是以村寨为单位，抢炮的人数多寡、抢炮人群的能力大小、游炮中花样的多少、人数多少、芦笙声音分贝高低等都在隐喻着村寨力量的强弱。因此，壮、侗、苗、瑶等群众在节庆期间，无论离家有多远，无论工作有多忙，无论加班的补贴有多高，他们大都置之不理而义无反顾地回到家乡，在精神栖息的场域中代表村寨参与各种活动。同时，村寨的寨佬与头人在群体中有着强大的号召力，由其组织的以"抢花炮"为代表的少数民族传统体育竞赛更是像仪式中反日常的能量宣泄，狂暴之后留给社会的是井然有序。因此，在涂尔干的社会团结理论视域下，少数民族传统体育文化中的文化认同以其凝聚了族群力量、强化了集体意识的"机械团结"而建构了相应

---

①王刚.民族地区社会治理问题论纲[J].青海民族研究，2016，27（1）：108-112.

的社会秩序。

四、关系调适的秩序再造

关系调适往往相对于关系冲突，而文化场域内的关系冲突往往与民族日常生活中的惯习息息相关。布迪厄指出，"惯习是持久的可转移的禀性系统，是一种依靠行动者自身努力或经由他人灌输而来的行动的产物，并通过个体或者集体的生活史被身体化与内在化"①。因此，不同文化样式其凝练出的群体或个体"惯习"是不同，当不同"惯习"置身同一场域中时就会有冲突，当然这种冲突也是场域的动力之源，可是要可持续"共处"下去就必须进行关系调适。传统民族地区的社会交往伦理指向往往以"亲近性"为基础的道德内核，"家庭单位和村民内部的主流交往方式凝聚着共同的民族记忆和村落认同感，民族契约和乡村生活要求从一开始便成为大家遵守的行为规则"②，但随着剧烈的社会转型造成的社会分化加剧、利益群体形成及社会关系复杂，使得不同社会成员间的社会矛盾与冲突增多，家庭代际冲突、邻里关系淡漠、村内关系分散化等社会交往矛盾凸显。以少数民族传统体育为表征的集体活动在此背景下又有着释放群体或个体生存与生活压力的"安全阀"功能而具有关系调适功能和用途。

少数民族传统体育以身体为载体，在身体的能量释放中也宣泄了敌对和不满情绪，敌对双方在体育比赛的场域中也彼此进行了心灵的沟通，众多基于缺乏碰撞的误会也得以真相大白，相互理解之后换来的是社会矛盾冲突的

---

①布迪厄．实践与反思：反思社会学导引［M］．李猛，李康，译．北京：中央编译出版社，2004：134-135．
②崔露．少数民族村寨旅游开发存在的冲突与调试［J］．贵州民族研究，2016，37（10）：170-173．

消解。例如，与格尔兹深描下的巴厘岛斗鸡非常相像的广西融水苗族斗马活动就有此功能。斗马中的"选斗"（选马）、"走堂"（示威）、"相斗"（争斗）等环节与苗族男人的地位之争存在着一种隐喻关系。随着斗马决赛中两匹马凶狠地撕斗，强弱可见端倪，斗败者颓然出场，获胜者披红戴绿，苗族村寨之间、宗族与宗族之间的矛盾、竞争也暂时得到缓解，斗马俨然成为恩怨宣泄的通道和途径。正如2016年作者和团队在融水香粉乡的那坡会调研时斗马协会会长梁光明所言："看着是马斗，其实是人斗。斗马由原来的爱情之争变成现在的男人雄性之争、经济实力之争。"置身斗马现场，能直观深刻地感受到斗马人群的这种情绪波动。埃利亚斯在其《文明的进程》中指出，对暴力的使用态度是一个群体或民族的文明标志。此时的斗马虽是民族体育活动，但已成为暴力消解的载体和象征，对民族地区社会治理下的村落与村落、宗族与宗族、个体与个体之间的关系调适起到了不可小觑的秩序再造作用。

五、社会整合的秩序凝聚

当代社会随着物质产品、人口、标志、符号及信息的跨越时间和空间的运动的扩张，民族地区社会结构在价值观念、利益分成、阶层地位上出现了急剧变迁，原本"大杂居，小聚居"特征中因有着相对一致的生活方式、宗教信仰、文化认同的稳固地区秩序也开始出现了不同程度的分化与转型。结构—功能主义学派将这种"合久必分"的社会分化与新秩序重构看成是实现社会良性循环的基本范式。但是民族地区原有的社会整合机制难以承受当前的社会分化的激烈程度，以至于社会由于震荡而出现稳定问题，呈现出亟待建构新的社会整合力量的局势。而社会整合在社会学家郑杭生先生看来，是

"社会不同要素、部分结合为一个统一、协调的过程"①，意即在化解个体之间的矛盾和隔阂、协调社会各要素、调适社会关系等面向有着不可或缺的价值与功能。时至今日，"我国正在从传统国家向现代国家转型过程中，社会整合机制呈现出阶段化、差异化特征，而探究不同民族及民族内部成员之间的社会整合，尤其是要重视挖掘传统文化资源实现社会整合"②，方能可持续地建构良好社会秩序。

涂尔干指出："如果不能定期维护和重申那些可以形成社会统一和人格的集体情感，社会就将不复存在。因而，必须借助庆祝仪式、聚会、集会和会议、教育等形式，重塑人们的共同情感，将人们紧密地围拢在一起。"③ 不可否认，少数民族体育作为民族地区最传统的文化资源，在增加社会成员的交流机会、促进价值认同、消除感情隔阂、消解文化误读、提升社会道德等方面都有着无可替代的社会整合作用。不仅如此，作者在对少数民族体育多次调研中发现其体育活动过程及发起体育活动的村落组织在社会整合中也都起到了积极的作用。例如，壮族蚂拐舞、侗族抢花炮、苗族拉鼓舞、瑶族祭盘王等活动，其经费由寨老会、理事会等体育活动组织牵头募集，然后在村落的公共场合比较显著的位置对活动的收支细节进行张榜公布，接受众人的监督。族人在对这些传统体育活动认同的基础上纷纷为相关体育活动出钱出力。这其中就产生了秩序再确认，比如张榜公布名单的排序往往基于赞助份额的多少，体育组织的建构往往基于族中个人的威望与权威。体育活动举行的过程也是对相关人员社会地位排序的梳理和强化。与此同时，这些民间体育组

---

①郑杭生. 社会学概论新修[M]. 北京：中国人民大学出版社，2003：67.
②张鹏. 社会整合视角下的黎族互惠交换——基于海南省西方村的田野调查[J]. 中南民族大学学报（人文社会科学版），2018，38（3）：89-92.
③吴晓林. 社会整合理论的起源与发展：国外研究的考察[J]. 国外理论动态，2013（2）：37-46.

织除了本然职能还衍生出调解矛盾的社会整合功能。2016年，作者和团队在对天峨县纳洞村蚂拐舞进行调研中获悉，村民由于宅基归属纠纷闹到了剑拔弩张的程度，而蚂拐舞协会利用其影响力主动出面调解，最终有效消解了族员矛盾，强化了社会整合。

第三节　少数民族传统体育内生秩序功能的施展路径

文化社会学认为："文化的产生是社会功能的需要，其本质在于维护社会规范，形成社会秩序。"① 少数民族传统体育作为反映少数民族精神面貌、审美情趣、思维方式和价值取向的身体文化，既然在价值导向、道德示范、文化认同、关系调适、社会整合等面向有着圭臬秩序的价值，那么梳理出促使其在当前改进少数民族地区社会治理方式、创新有效预防和化解社会矛盾、健全民族地区公共安全体系中发挥最大秩序价值的路径就更具有现实意义。

一、利用展演机会，彰显少数民族传统体育的内生秩序

在民族地区社会治理现代化向度，少数民族传统体育文化是传统村寨社会中维系民族团结的重要媒介。无论是节庆，还是民俗，抑或是个人红白喜事等活动中，少数民族体育的一次次展演与玩味在促使个体社会化的同时也在增强集体意识和强化族群认同，有着凝聚族众、万流归宗的向心价值。文化结构事象，少数民族传统体育文化包括的器物、制度、精神三个层面都有着规范社会的秩序价值。如蚂拐舞中耕牛、犁、耙是稻作文化的器物表征，

---

①司马云杰. 文化社会学 [M]. 太原：山西教育出版社，2007：36.

身着金冠黑袍的师公及其仪式中的言行却是制度文化的比附，而铜鼓、蚂拐图像却所指精神层面的图腾文化。再如作者和团队在河池南丹拉者村调研壮族武术文化时发现，壮族武术的器具、服饰、仪式、动作等方面都折射着壮族武术文化结构中的内生秩序。意即这些基于文化本体的结构逻辑彰显对置身其中的族众均有着无形氤氲、循循善诱、逐渐建构契合其民族文化范式的社会秩序。因此，少数民族体育要在文化层面上发挥建构社会秩序之效，还需切实抓住各种展示平台和机会，多次和长期展演，如此其对社会秩序的影响效果才会如入芝兰之室久而不闻其香。

二、组织竞技比赛，扩大少数民族传统体育的内生秩序

以赛促传承，以赛促发展的实用方针也在强调着少数民族传统体育的继承与弘扬同样需要竞技比赛这个有力杠杆。赛事不仅能引起更多人关注少数民族传统体育，还能提供更多的项目开展与学习机会，进行更多的项目基层组织建构，而且赛事展开的过程本身就是一场民族体育文化的饕餮盛宴与狂欢叙事。正如符号人类学家特纳对仪式的象征符号的解构与抽离一样，少数民族传统体育更像一个大的"仪式"。少数民族传统体育活动展开的过程也就是其中"信仰的、伦理的、道德的等各种事关社会规约的象征符号"[①]对置身其中的族众实施象征教育的过程。象征人类学指出，这些族员，尤其是运动场景中那些逃离社会现实、进入"阈限"的族员个体，往往从类比、隐喻和联想等方式中汲取文化符号影响，在身体活动的体验中宣泄情感不满，建构社会安全阀，从而形成有秩序的言行，融入社会。作者和团队目睹过南宁

---

① 王晓晨，赵光圣，乔媛媛. 仪式·教育·人：泰拳赛前仪式的理性检视［J］. 上海体育学院学报，2015，39（4）：46-49.

宾阳炮龙节中群龙叩首、民龙共舞时的人山人海，也看到了比赛中"炮声不停，龙舞不止"的为民祈福，以及最终点燃龙骨架促成"化龙升天"过程中族众的如痴如醉。情感的宣泄与社会秩序的建构，在这些赛事活动中一并得到了实现。因此，少数民族体育赛事为其内生秩序的社会建构提供了契机。

三、强化体育组织，延伸少数民族传统体育的内生秩序

少数民族传统体育组织除了具有组织民族间体育活动的职能外，同样也有着消解社会矛盾、整合民族团结等服务社会治理的功能，然其作为典型的草根体育组织往往具有非政府行为性、非营利性和临时性。换言之，少数民族体育组织在缺乏有力的制度、经济、物质保障的情况下，往往不够稳定和无法持续存在。已有研究将其按其构建模式大致分为主体独立型、宗教依附型、权力渗透型、资本联姻型4个类型[1]，这4种类型虽有宗教、乡村权威及外来资本的支撑，但随着社会经济发展的冲击也存在着有活动临时搭建、无活动就自然闲置甚至解散的状况，存在着组织不够坚实，不能持续发挥组织功能的情形，不利于除本职职能外的社会治理功能的延伸和施展。因此，在基层的社会管理过程中要有意识地加以扶持，强根固基已经形成的民间体育组织。就此方面，被誉为"壮族武术第一村"的宜州合寨村的壮族武术组织有着典型的示范意义。作者和团队在2018年5月在合寨村调研中发现，由第2代壮族武术传承人蒙国栋、蒙胜凤，第3代传承人蒙承顺、蒙国伦、蒙光新等建构的壮族武术组织，在村大队人力、物力、财力的大力支持和扶持下，不仅传承了猫狮运动、土壮族武术技术体系，而且以其组织的影响力有力地

---

[1] 周家金，孙庆彬，朱波涌，等. 少数民族村落传统体育组织的结构及功能研究[J]. 沈阳体育学院学报，2018，37（1）：138-144.

消解了村中的邻里矛盾、村与村之间多年来的积怨并劝解了几次箭在弦上的械斗，有效地发挥了民间体育组织的作用，营造了和谐社会。

本章小结

"西方治理理论已引入我国多年，然而却不能在我国扎根，只在形式上敷衍应付，社会治理实践中仍问题重重。其中一个重要的原因，就在于有治无教"①。因此，国家顶层设计层面在当今提出了大力弘扬我国优秀传统文化、实施优秀传统文化传承工程的号召。少数民族传统体育文化虽然只是少数民族的身体活动方式，但内蕴了历史人文、宗教信仰、民俗艺术等诸多内容，无论是社会教化还是社会治理维度，少数民族传统体育都有着张扬社会规范、增强民族凝聚力的文化软实力。在当前社会治理现代化逻辑下的民族地区社会治理思考中，应该有着深挖少数民族体育文化义理，发挥其文化治理功能的自觉，让传统文化和现代文明在融合中实现民众向善、社会和谐、国家久安。

---

① 吴祖鲲，王慧姝.宗祠文化的社会教化功能和社会治理逻辑［J］.吉林大学社会科学学报，2014，54（4）：155-162.

第八章
以壮族武术为表征的民族传统体育文化适应的路径与机制

文化学者约翰·贝利指出：文化适应是指不同文化在持续不断接触与碰撞过程中，一方或双方的原文化类型所产生的自我调适与变化①。本书选择地域影响力较大的4个壮族武术项目——合寨壮族武术、那湾壮族武术、拉者壮族武术、龙州壮族武术进行实地调查，采集民间蕴含的文化适应智慧，探索民族传统体育的文化适应路径与机制。壮族武术历史源头久远，早在战国早期至东汉时期，壮族武术形态就出现在位于广西宁明县的花山岩画中②。之后，壮族武术流传千载，踯躅百代，衍生出众多套路，仅《广西通志·体育志》载入的壮族武术套路就达50套③。然而斗转星移，时至今日壮族武术却遭遇严峻的生存困境，许多人视之如残渣，弃之如敝屣。面对此困境，一些壮族武术拳师不忘守护民族文化遗产，在周围环境变迁后努力推动壮族武术文化的传承发展，积累了丰富的文化适应经验。以壮族武术为例，探究民族

---

① BERRY J W, POORTINGA Y P, SEGALL M H. Cross-cultural psychology: research and applications [M]. 2nd ed. Cambridge (UK): Cambirdge University Press, 2002: 345-383.
② 广西壮族自治区地方志编纂委员会. 广西通志·体育志 [M]. 南宁: 广西人民出版社, 1989: 67.
③ 苟立波. 文化适应研究述评——以滇黔桂杂居少数民族为中心的讨论 [J]. 黑龙江民族丛刊, 2015, 144 (1): 122-127.

传统体育的文化适应问题，具有典型性和标本意义。

第一节　我国民族传统体育文化发展与研究状况

随着现代文化的冲击，我国民族传统体育赖以滋生的文化土壤和社会基础正发生嬗变，文化空间日渐狭小，传承压力愈来愈大。这种冲击主要体现在四个方面：现代文化（特别是现代竞技体育文化）冲击民族传统体育的价值体系；民间信仰世俗化冲击民族传统体育的精神根基；城镇化冲击民族传统体育的农耕文化根基；商业化冲击民族传统体育的伦理根基。

在此背景下，民族传统体育的文化适应问题引起体育学界广泛关注[1]，提出了诸多对策：民间、学界、政府联手保护[2]；走旅游化发展道路[3]；走市场化发展道路[4]；走竞技化发展道路[5]……作者以为，上述对策各有其侧重点和针对性，对民族传统体育发展具有一定参考价值，但真正能够确保民族传统体育可持续发展的秘诀是"文化适应"。

以"文化适应"为关键词检索发现：文化适应与文化认同有关[6]，与文

---

[1] 佐斌，温芳芳. 当代中国人的文化认同 [J]. 中国科学院院刊，2017，32（2）：176.
[2] 孙庆彬，王艳梅. 政府、民间和学界在村落体育保护传承中的角色定位 [J]. 广西师范大学学报（哲学社会科学版），2014，50（1）：73-76.
[3] 吴强. 我国民族传统体育文化资源与旅游资源融合共生的文化空间研究 [J]. 首都体育学院学报，2019（1）：56-60.
[4] 邬凤. 从市场化运作的角度谈民族传统体育的转型发展 [J]. 体育与科学，2011（4）：85-88.
[5] 张晓林. 也谈民族传统体育竞技化 [J]. 体育学刊，2011（1）：120-124.
[6] 苟立波. 文化适应研究述评——以滇黔桂杂居少数民族为中心的讨论 [J]. 黑龙江民族丛刊，2015，144（1）：122-127.

化自觉有关①,与文化自信有关②,与文化自强有关③,还与文化融合有关④。再将检索视野聚焦至"民族传统体育文化适应",仅发现1篇白晋湘的研究论文,认为民族传统体育文化适应与文化认同密切关联⑤。上述文献为探索民族传统体育文化适应的路径提供了重要线索。

第二节　民族传统体育文化适应的路径

根据上文综述,不难看出,文化适应不仅与文化认同、文化自觉、文化自信、文化自强息息相关,还与文化融合须臾难离。从学理逻辑上来看,文化认同、文化自觉、文化自信、文化自强、文化融合等因子必然是文化适应路径研究的着力点(图1)。

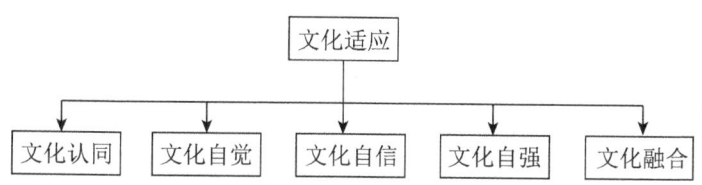

图1　文化适应路径研究的着力点

---

①龚茂富. 近代中国武术文化变迁的文化人类学审视——从文化适应到文化自觉 [J]. 成都体育学院学报, 2008 (4): 35-39.
②岳朋雪. 新中国成立后海南归国难侨社会文化适应研究 [J]. 海南热带海洋学院学报, 2017, 24 (4): 86-90.
③李安然. 论文化自信、文化自强与文化创新的辩证关系 [J]. 南方论刊, 2017 (11): 4-7.
④张积家. 浅谈文化适应的中国特色 [J]. 中国民族教育, 2017 (9): 17.
⑤同①。

一、澄明基本价值，强化文化认同

澄明基本价值，是强化文化认同的重要路径。以百年前就已流入合寨村的壮族武术为例，其武术价值链条已延伸至年青一代。许多年轻人接受老一辈习武者的价值熏陶，耳濡目染，从小就将壮族武术的基本价值内化于心，为壮族武术文化适应筑牢价值基础。若基本价值模糊，文化认同的根基就不牢固。壮族武术套路众多，然而近年来，其文化影响力逐渐衰退。究其原因，是市场大潮冲击下的壮族武术价值基础被毁坏。且看在桂南一带曾颇具名气的龙州壮族武术，其价值基础已遭到冲击。传承人农式丰一生致力于龙州壮族武术传承，所授弟子5000多人，然而其子孙"却几乎不知壮族武术为何物……他希望曾孙女农慧玲练练壮族武术，刚初中毕业的农慧玲却说：没有时间学，学了也不能当饭吃！"[1]。

壮族武术至少具有两种价值取向，一是军事格斗。壮族武术的短打、脚踢、肘击、膝击、肩挑、头撞、少跳跃、反关节绊扭等动作，强悍凶狠，契合军事需要。2018年拳师刘志岩受邀到百色市田东县武警中队，讲解壮族武术军事价值，传授壮族武术的套路。二是文化记忆。壮族武术源头可上溯千年，它以动作作为文化符号，包含丰富的农耕文化信息，具有文化记忆功能。如拉者壮族武术的器具——铜鼓是壮族图腾物，鼓身、鼓面记录着壮族农耕、信仰等文化信息，具有文化记忆功能。上述两种文化价值，是壮族武术应对文化冲击的定海神针，应予廓清、传承。

---

[1] 肖春飞. 壮拳大师好困惑[N]. 新华日报，2000-08-07（8）.

二、梳理历史源流，唤起文化自觉

文化自觉，即建立在对"根"的找寻与继承上。因此，唤起民族传统体育文化自觉，需要"明史"。只有对自己的文化历史有"自知之明"，才能内生出持久的文化自觉。本书所调查的壮族武术套路，之所以能够传承至今，一个重要原因是它们都有清晰的"根"——传承谱系。如龙州壮族武术的传承谱系：第1代为杨师祖，第2代为李新发、梁耀光，第3代为农式丰，第4代为邓细阳。再如合寨壮族武术，在清末从柳江县一带传入合寨村，现已经历4代传承人：第1代为覃文签、覃文娇，第2代为蒙国栋、蒙胜凤，第3代为蒙成顺、蒙国伦、蒙光新，第4代也已甄选出来。上述壮族武术传承者明白壮族武术的来历、形成过程和技艺特色，具有很强的"自知之明"，由此也滋生出很强的历史责任感。唤起民族传统体育文化自觉，需要"求真"。历史不真实，所谓的文化自觉便如无根之木，难以持久。作者在调查时，耳闻诸多似是而非的观点，如"壮族武术即泰拳"。对此，壮族拳师唐曲特别澄明："壮族武术不是泰拳，壮族武术在风格上仍趋向南拳，这是历史的必然。"在当今互联网逐渐普及的情况下，不实观点流传快、负面影响大。特别是故意虚构的历史，一旦被戳穿，对族群自尊伤害极大。作者发现，《广西通志·体育志》中所列的"霸王锤""三桥手"等套路，已被一些壮族人质疑："霸王锤，其实就是洪拳里的'大洪捶'，除了一两个动作不同之外，其余的一模一样。""山寨"文化，映衬文化自卑，损害文化认同，不利于民族传统体育文化适应。

三、积聚文化底蕴，提升文化自信

文化自信，是文化传承者面对文化冲突时所持有的一种积极向上的心境。面对文化冲突，如果一个民族缺少文化自信，就容易被强势文化同化，丧失文化主体性。如何提升民族传统体育的文化自信呢？最基本、最可靠的路径是积聚民族传统体育的文化底蕴。因为判断一个族群的文化自信程度，终究要看其文化底蕴是否厚重。没有厚重的文化底蕴，所谓的文化自信不过是痴人呓语。那么，如何积聚民族传统体育的文化底蕴呢？这就需要从器物、制度、行为、心态4个文化层次入手，积聚文化底蕴。例如，拉者壮族武术就拥有4个层次的文化内容：器物文化——具有符号意义的铜鼓、牛角、壮刀等器具；制度文化——拉者壮族武术的礼仪和规则；行为文化——反映壮族生产、生活、格斗的动作；心态文化——耕牛崇拜、崇勇尚武等民族心态。若要厚积壮族武术的文化底蕴，就要从上述4个文化层次着力。南丹县文化馆非遗办的张宏程说："拉者村从器具、服饰、仪式、动作等方面强化了壮族武术的文化内涵，今后将进一步挖掘当地兵马场遗址的历史文化，以积聚文化底蕴"。

四、聚焦文化创新，促进文化自强

文化创新是文化自强的一条坚实路径。以壮族武术为例，现存的套路大都滋生于壮乡村落土壤，其动作是农耕背景下生产生活方式的投射，对其进行创新，就需要遵循生产生活逻辑。如龙州壮族武术的形成过程就是一个创新过程：龙州壮族武术的动作多源自农耕生产、民间信仰和休闲娱乐，"镰刀"出击动作源自弯腰割稻谷;"挑禾叉"借助"叉"的特有结构卡住来袭兵器,阻隔杀伤;"顶膝"动作源自壮乡膝断甘蔗的饮食习俗①。再如合寨壮族武术动作——起步金鸡啼、水牛占水塘、鲤鱼跳河滩、飞鼠跳谷仓等,皆源自壮乡生产生活,具有浓郁的壮乡气息,体现着壮族的生产生活逻辑。如果违背这种逻辑,创新内容就难以获得"土著"的文化认同②。需要注意的是,民族传统体育既蕴藏历史逻辑,也折射现时思维;既纳含传统文化记忆,也反映当代文化变迁。因此,在创新时要拿捏历史与现实之间的张力,恰当处理传统与现代的关系。

五、涵化外来文化,推动文化融合

实现文化融合的重要路径之一是涵化(Acculturation)。在现代文化渗透背景下,涵化外来文化元素,融合外来文化营养,是提升文化先进性、满足族群需求的必然选择。相反,若采取文化"分离"的态度,拒斥文化"融合",其最终结果便是自我孤立,陷入"边缘化"困境。民族传统体育能否主动涵化外来文化元素、融合外来文化养分,是其能否经受得住现代文化涤荡的关键。其实,民族传统体育的生长历史,就是一个涵化过程。以龙州壮族武术为例,本身就是多种拳术糅合的产物。本土体育文化与外来体育文化相互涵化,可丰富民族传统体育的内涵,提高民族传统体育的技艺。

民族传统体育涵化的一个基本前提是守护民族文化精髓。任何民族传统体育项目都是在漫长的历史演化中凝结而成的,都有其精髓之处,值得异地

---

① 覃炜棋. 广西濒危拳艺龙州土拳传承研究 [J]. 体育文化导刊, 2018 (1): 47-51.
② 孙庆彬, 周家金, 潘兰芳. 少数民族村落传统体育创新路径探微 [J]. 体育文化导刊, 2017 (2): 67-71.

异族群体汲取。但涵化的前提是守护自身文化精髓。文献显示,虽然龙州壮族武术在明、清、民国等朝代都涵化外来武术文化元素,揉进北拳功架和南拳动作,但是同时非常注重保护本土拳种的精髓——以灵敏活导,劲气声合一,进退以四门为路径,适合山区陡峭狭小的地势①。

第三节 民族传统体育文化适应的机制

根据上述调查研究结果不难发现,文化认同、文化自觉、文化自信、文化自强、文化融合等与民族传统体育文化适应密切关联,它们在推动民族传统体育文化适应过程中各有不同着力点:文化认同的着力点是"价值澄明",文化自觉的着力点是"梳理历史",文化自信的着力点是"文化积聚",文化自强的着力点是"文化创新",文化融合的着力点是"文化涵化"(图2)。

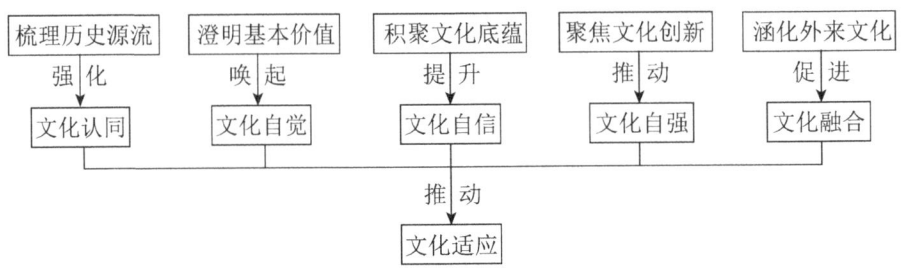

图 2 民族传统体育文化适应的运行图

上面5个着力点在民族传统体育文化适应中的性质、功用各不相同。文化认同、文化自觉、文化自信属于心理学范畴,它们是文化适应的心理基础。

---

①覃炜棋. 广西濒危拳艺龙州土拳传承研究[J]. 体育文化导刊,2018(1):47-51.

文化自强的实质是文化实力的提升，它是民族传统体育文化适应的内生动力；文化融合的实质是对外来文化养分的汲取，它可为民族传统体育文化适应提供外来助力。综上所述，文化认同、文化自觉、文化自信、文化自强、文化融合相互关联，浑然一体，形成合力机制，共同推动民族传统体育以正向、良性的文化适应方式可持续发展（图3）。

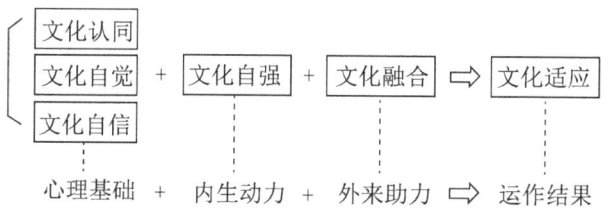

图3 民族传统体育文化适应的内在机制

当前人们对民族传统体育文化适应问题存在两个认识误区，一是希冀以"复古"方式强化文化适应能力，拒斥文化创新；二是将"本土"与"外来"对立，固守"原生态"，拒斥文化融合。民族传统体育是活态的文化存在，与现实的生存环境息息关联，生活在当下的民族居民决不愿意刻板复制古人的体育方式，"复古"无现实可能。

在当前我国文化环境剧烈变迁条件下，应当以文化认同、文化自觉、文化自信等心理构建为基础，聚焦文化创新，兼吸外来文化，构建既包含本民族"个性"，又体现多民族"共性"的新传统，以利于作为弱势文化的民族传统体育积极应对文化冲突挑战。

本章小结

综合运用文献法和实地调查法，探索出民族传统体育文化适应的基本路径：澄明基本价值，强化文化认同；梳理历史源流，唤起文化自觉；积聚文化底蕴，提升文化自信；聚焦文化创新，推动文化自强；涵化外来文化，促进文化融合。民族传统体育文化适应的内在机制：文化认同、文化自觉、文化自信是文化适应的心理基础，文化自强为文化适应提供内生动力，文化融合为文化适应提供外来助力。上述诸要素形成合力效应，共同推动民族传统体育的文化适应。

民族传统体育是活态传承的现实存在，它与民族的现实生存环境息息相关，生活在当下的民族主体决不愿意去复制祖先的原始生活，民族传统体育"复古"无现实可能，不应希冀以此来强化民族传统体育的文化认同与文化适应能力。在当前社会文化剧烈变迁条件下，应综观历史与现实，构建既包含民族"个性"，又体现中华民族"共性"的新传统，这样才有助于民族传统体育顺利走过文化适应艰难阶段，防止民族传统体育在文化现代化过程中被彻底边缘化。

参考文献

一、中文参考文献

1. 著作

[1] 费孝通．中华民族多元一体格局［M］．北京：中央民族大学出版社，2018．

[2] 王晓晨．学校武术教育百年变迁研究［M］．北京：人民体育出版社，2018．

[3] 马明达．说剑丛稿［M］．增订本．北京：中华书局，2007．

[4] 南炳文，汤纲．明史：卷317《广西土司一》［M］．上海：上海人民出版社，2003．

[5] 邱振声．壮族图腾考［M］．南宁：广西教育出版社，1996．

[6] 黄现璠，黄增庆，张一民．壮族通史［M］．南宁：广西民族出版社，1988．

[7] 张声震．壮族通史［M］．北京：民族出版社，1997．

[8] 克罗齐．历史学的理论与实际［M］．傅任敢，译．北京：商务印书馆，1982．

[9] 卡西尔．人论［M］．甘阳，译．上海：上海译文出版社，2004．

[10] 周去非．岭外代答［M］．屠友祥，点校．上海：上海远东出版社，1996．

[11] 周伟良．中华民族传统体育概论高级教程［M］．北京：高等教育出版社，2003．

[12] 乃差猜．泰拳［M］．成都：成都时代出版社，2008．

[13] 梁庭望．壮族风俗志［M］．北京：中央民族学院出版社，1987．

[14] 黄明标．瓦氏夫人研究［M］．南宁：广西民族出版社，2008．

[15] 陈舜臣．太平天国兴亡录［M］．北京：红旗出版社，2017．

[16] 玉时阶. 壮族民间宗教文化 [M]. 北京：民族出版社，2004.

[17] 谢立中. 西方社会学名著提要 [M]. 南昌：江西人民出版社，2007.

[18] 伍兹. 文化变迁 [M]. 何瑞福，译. 石家庄：河北人民出版社，1989.

[19] 风笑天. 社会学研究方法 [M]. 北京：中国人民大学出版社，2001.

[20] 鲍德里亚. 消费社会 [M]. 南京：南京大学出版社，2001.

[21] 蒋廷黻. 中国近代史 [M]. 武汉：武汉出版社，2012.

[22] 刘德琼. 少数民族传统体育 [M]. 桂林：广西师范大学出版社，2000.

[23] 陈旭麓. 近代中国社会的新陈代谢 [M]. 北京：中国人民大学出版社，2012.

[24] 黄彰健. 明实录 [M]. 北京：中华书局，2016.

[25] 恩格斯. 劳动从猿到人的转变过程中的作用 [M]. 北京：人民出版社，1949.

[26] 邝露. 赤雅 [M]. 上海：商务印书馆，1936.

[27] 郑若曾. 筹海图编 [M]. 北京：中华书局，2007.

[28] 斯大林. 马克思主义与民族问题 [M]. 延安：解放社，1949.

[29] 克劳塞维茨. 战争论 [M]. 北京：商务印书馆，1982.

[30] 特纳. 象征之林——恩登布人仪式散论 [M]. 赵玉燕，欧阳敏，徐洪峰，译. 北京：商务印书馆，2006.

[31] 马克思，恩格斯. 马恩选集：第 4 卷 [M]. 北京：人民出版社，2009.

[32] 格尔茨. 文化的解释 [M]. 韩莉，译. 南京：译林出版社，1999.

[33] 本尼迪克特. 文化模式 [M]. 王玮，译. 北京：生活·读书·新知三联书店，1988.

[34] 霍布斯. 利维坦 [M]. 上海：商务印书馆，1985.

[35] 广西壮族自治区地方志编纂委员会. 广西通志·体育志 [M]. 南宁：广西人民出版社，1989.

[36] 潘其旭，覃乃昌. 壮族百科辞典 [M]. 南宁：广西人民出版社，1993.

[37] 泰勒. 原始文化：神话、哲学、宗教、语言、艺术和习俗发展之研究 [M]. 连树生，译. 桂林：广西师范大学出版社，2005.

[38] 克鲁克洪. 文化与个人 [M]. 高佳,译. 杭州:浙江人民出版社,1986.

[39] 费尔巴哈. 宗教的本质 [M]. 北京:人民体育出版社,1999.

[40] 陈修龄. 布洛陀 [M]. 北京:中国文联出版社,2007.

[41] 莫斯. 礼物:古式社会中交换的形式与理由 [M]. 汲喆,译. 上海:上海人民出版社,2005.

[42] 弗雷泽. 金枝:上册 [M]. 北京:中国民间文艺出版社,1987.

[43] 辛立. 男女·夫妻·家园 [M]. 北京:国际文化出版社,1989.

[44] 布迪厄. 实践与反思:反思社会学导引 [M]. 李猛,李康,译. 北京:中央编译出版社,2004.

[45] 司马云杰. 文化社会学 [M]. 太原:山西教育出版社,2007.

[46] 郑杭生. 社会学概论新修 [M]. 北京:中国人民大学出版社,2003.

[47] 吴康宁. 教育社会学 [M]. 北京:人民教育出版社,1998.

[48] 柏拉图. 理想国 [M]. 郭斌和,张竹明,译. 北京:商务印书馆,1986.

[49] 柯文. 历史三调:作为事件、经历和神话的义和团 [M]. 南京:江苏人民出版社,2000.

[50] 罗志田. 乱世潜流:民族主义与民国政治 [M]. 北京:中国人民大学出版社,2013.

[51] 钱穆. 中国历史研究法 [M]. 北京:生活·读书·新知三联书店,2001.

[52] 梁漱溟. 东西文化及其哲学 [M]. 上海:上海世纪出版社,2006.

[53] 马克思,恩格斯. 马克思恩格斯全集:第3卷 [M]. 北京:人民出版社,1972.

[54] 安德森. 想象的共同体:民族主义的起源与散布 [M]. 吴叡人,译. 上海:上海人民出版社,2005.

[55] 李华兴. 中国近代思想史 [M]. 杭州:浙江人民出版社,1988.

[56] 王晓晨. 中国武术文化生态审视及其可持续发展研究 [M]. 北京:中国水利水电出版社,2019.

2. 期刊

[1] 吴开婉. 云南少数民族宗教舞蹈初议 [J]. 民族艺术研究, 1995 (4): 51-54.

[2] 黄友军. 壮族民间传统武术的传承与发展研究——以广西百色市为例 [J]. 百色学院学报, 2014, 27 (6): 98-100.

[3] 董先辉, 何卫东, 董必凯, 等. 广西花山壮拳及其文化传承的人类学辨析 [J]. 体育科技文献通报, 2017, 25 (6): 31-33, 36.

[4] 绕开. 白崇禧与广西武术运动 [J]. 体育文史, 1994 (5): 38-39.

[5] 王晓晨, 赵光圣, 乔媛媛. 仪式·教育·人: 泰拳赛前仪式的理性教育检视 [J]. 上海体育学院学报, 2015, 39 (4): 46-49, 63.

[6] 衣俊卿. 中国日常生活批判的理论视野 [J]. 求是学刊, 2005 (6): 6-13.

[7] 邵钰琪. "一带一路"中壮族传统武术的"文化纽带"作用 [J]. 广西教育学院学报, 2016 (6): 28-31.

[8] 韦晓康. 从广西左江岩画看壮族传统体育文化的远古渊源 [J]. 中央民族大学学报, 1994 (3): 67-68.

[9] 杨琴. 广西壮族武术研究 [J]. 搏击, 2011, 8 (9): 52-53.

[10] 张晓松. 论元明清时期的西南少数民族土司土官制度与改土归流 [J]. 中国边疆史地研究, 2005, 15 (2): 78-84.

[11] 李良品. 清代土司分袭制度的生成逻辑与构建路径 [J]. 中央民族大学学报（哲学社会科学版）, 2018, 45 (2): 86-92.

[12] 杨海晨, 王斌. 从工具到传统: 红水河流域"演武活动"的历史人类学考察 [J]. 北京体育大学学报, 2015, 38 (10): 14-22.

[13] 梅杭强, 邱丕相. 武术套路形成根源的人类社会学研究 [J]. 天津体育学院学报, 2005 (1): 31-33.

[14] 黄宗峰. 桂西北少数民族民间武术的传承与发展研究——以壮拳为个案 [J]. 当代体

育科技，2017，7（6）：205-206.

[15] 张延庆. 从土司的军事制度看壮族武术的发展［J］. 中央民族大学学报（哲学社会科学版），2005（5）：92-95.

[16] 卢云. 区域控制与历史发展——论秦汉时期的政治中心、文化重心及其相互关系［J］. 福建论坛（文史哲版），1987（4）：19-24.

[17] 李良品，李思睿. 土司时期西南地区土司兵的军事训练［J］. 云南民族大学学报（哲学社会科学版），2013，30（6）：77-82.

[18] 麦思杰.《布洛陀经诗》与区域秩序的构建——以田州岑氏土司为中心［J］. 广西民族研究，2008（1）：102-108.

[19] 罗国旺，谭广鑫. 广东蔡家拳源流探析［J］. 体育文化导刊，2016（7）：78-81.

[20] 李湘远，王春光，李贞晶. 试论岭南文化对广东南拳形成和发展的影响［J］. 西安体育学院学报，2007（4）：60-62，88.

[21] 李冰. 论浙江南拳［J］. 体育文化导刊，2012（7）：103-106.

[22] 郭伟杰，李志清. 集体记忆与传统的延续：南少林十八路庄武术文化传承的解读［J］. 广州体育学院学报，2017，37（2）：91-94，115.

[23] 李胜恒. 壮族武术中的伦理思想研究［J］. 武术研究，2016（6）：22-24.

[24] 彭兆荣. 人类学仪式理论的知识谱系［J］. 民俗研究，2003（2）：5-20.

[25] 彭文斌，郭建勋. 人类学仪式研究的理论学派述论［J］. 民族学刊，2010（2）：13-18.

[26] 凌春辉. 论壮族民间传说中的侬智高［J］. 百色学院学报，2007，20（1）：31-34.

[27] 蔡世保. 壮族酒文化的民俗现象及功能［J］. 文山师范高等专科学校学报，2009，22（2）：21-24.

[28] 王奇，花家涛. 学校运动会开幕式武术团体操的仪式研究［J］. 军事体育学报，2016，35（2）：70-72.

[29] 张旅平. 马克斯·韦伯：基于社会动力学的思考［J］. 社会，2013，33（5）：29-58.

［30］王晓晨，吉灿忠．日本武道近现代转型中对技击的处理及启示［J］．山东体育学院学报，2014，30（1）：61-66．

［31］王文涛．师爷称谓演变与幕僚制度试论［J］．浙江社会科学，2007（1）：174-180．

［32］戴国斌．中国武术教育"格拳致知"的文化遗产［J］．体育学刊，2017，24（3）：16-23．

［33］覃冯．壮族传统伦理思想管窥［J］．广西教育，2012（10）：92-93．

［34］樊红兰，樊红东，樊振忠，等．壮族丧葬仪式中的伦理思想——以广西忻城县为例［J］．长江丛刊·理论研究，2017（10）：194．

［35］王晓晨，侯胜川，乔媛媛．壮族武术文化变迁的历史人类学考察［J］．南京体育学院学报，2018（11）：68-73．

［36］李莹，李雨衡．土司军事武术的发展研究［J］．军事体育学报，2017，36（1）：125-128．

［37］周勇，张伟，单琛蕾．壮族武术文化的传承困境与发展路径探析［J］．四川体育科学，2018，37（4）：23-25．

［38］史一凡，张银行．传统民俗与武术起源的关联性研究——以南京高淳"跳五猖"为例［J］．当代体育科技，2018（18）：243-245．

［39］蓝武．明代广西壮族土司士兵"供征调"及其社会影响述论［J］．广西师范大学学报（哲学社会科学版），2012，48（2）：47-50．

［40］邵钰淇．"一带一路"中壮族传统武术的"文化纽带"作用——关于壮族非物质文化遗产保护与传承系列研究之二［J］．广西教育学院学报，2016（6）：28-31．

［41］李兵磊．非物质文化遗产视域下的广西古壮拳文化研究［J］．大众文艺，2013（1）：1-3．

［42］杜晖，张忠杰．民俗：传统武术传承的载体［J］．阿坝师范高等专科学校学报，2012，29（2）：48-50，86．

［43］杨琴．广西壮拳研究［J］．中华武术（研究），2011，1（5）：36-38．

［44］陈振勇．我国少数民族体育文化研究热点问题分析与展望［J］．成都体育学院学报，

2014,40(1):20-24.

[45] 王虎,王磊.民族地区社会治理的现实依据与逻辑基础[J].贵州民族研究,2016,37(10):61-65.

[46] 贺金瑞.中国少数民族传统基层社会自治体系及其现代治理启示[J].中央民族大学学报(哲学社会科学版),2016,43(5):5-11.

[47] 孙庆彬,朱波涌.民族体育文化研究的立足点、期望值和方法论[J].西安体育学院学报,2012,29(4):474-476.

[48] 彭兆荣.仪式中的族群历史记忆[J].百色学院学报,2015,28(4):60-65.

[49] 崔新建.文化认同及其根源[J].北京师范大学学报(社会科学版),2004(4):102-104,107.

[50] 崔露.少数民族村寨旅游开发存在的冲突与调试[J].贵州民族研究,2016,37(10):170-173.

[51] 张鹏.社会整合视角下的黎族互惠交换——基于海南省西方村的田野调查[J].中南民族大学学报(人文社会科学版),2018,38(3):89-92.

[52] 吴晓林.社会整合理论的起源与发展：国外研究的考察[J].国外理论动态,2013(2):37-46.

[53] 周家金,孙庆彬,朱波涌,等.少数民族村落传统体育组织的结构及功能研究[J].沈阳体育学院学报,2018,37(1):138-144.

[54] 吴祖鲲,王慧姝.宗祠文化的社会教化功能和社会治理逻辑[J].吉林大学社会科学学报,2014,54(4):155-162.

[55] 王刚.民族地区社会治理问题论纲[J].青海民族研究,2016,27(1):108-112.

[56] 苟立波.文化适应研究述评——以滇黔桂杂居少数民族为中心的讨论[J].黑龙江民族丛刊,2015,144(1):122-127.

[57] 佐斌,温芳芳.当代中国人的文化认同[J].中国科学院院刊,2017,32(2):176.

[58] 孙庆彬,王艳梅.政府、民间和学界在村落体育保护传承中的角色定位[J].广西师

范大学学报(哲学社会科学版),2014,50(1):73-76.

[59] 王晓晨,孙庆彬,乔媛媛.文武争锋中实用理性的哲学反思[J].玉林师范学院学报,2014,34(2):101-106.

[60] 吴强.我国民族传统体育文化资源与旅游资源融合共生的文化空间研究[J].首都体育学院学报,2019(1):56-60.

[61] 张晓林.也谈民族传统体育竞技化[J].体育学刊,2011(1):120-124.

[62] 孙庆彬,周家金,潘兰芳.少数民族村落传统体育创新路径探微[J].体育文化导刊,2017(2):67-71.

[63] 覃炜棋.广西濒危拳艺龙州土拳传承研究[J].体育文化导刊,2018(1):47-51.

[64] 冯珠娣,汪民安.日常生活、身体、政治[J].社会学研究,2004(1):107-113.

[65] 王晓晨,赵光圣,张峰.嘉纳治五郎对柔道教育化改造的关键思路及启示[J].山东体育学院学报,2015,31(2):107-114.

3. 学位论文、论文集及报纸

[1] 周美凤.广西南丹拉者村山歌拳研究[D].武汉:华中师范大学,2014.

[2] 刘鸿燕.近代云南沿边土司地区的制度解构与社会变迁研究[D].昆明:云南大学,2016.

[3] 王明建.武术发展的社会生态与社会动因[D].上海:上海体育学院,2013.

[4] 谢新松.文化的社会治理功能研究[D].昆明:云南大学,2013.

[5] 孙建青.当代中国大学生核心价值观教育问题研究[D].济南:山东大学,2014.

[6] 钟敬文.文学狂欢思想与狂欢[N].光明日报,1999-01-28.

[7] 肖春飞.壮拳大师好困惑[N].新华日报,2000-08-07(8).

二、英文参考文献与电子资源

[1] BULL H. The Anarchical Society:A Study of Order in World Politics[M]. New York:Co-

lumbia University Press，1980.

［2］BERRY J W, POORTINGA Y P, SEGALL M H. Cross-cultural psychology: research and applications［M］. 2nd ed. Cambridge（UK）：Cambirdge University Press，2002.

［3］谢环驰．"促进各民族像石榴籽一样紧紧抱在一起"［EB/OL］．（2018-03-07）. https：//www.sohu.com/a/225035569_114731.

［4］长沙市民宗局．国家体育总局　国家民委关于印发《关于进一步加强少数民族传统体育工作的指导意见》的通知［EB/OL］．（2018-01-24）. http：//szj.changsha.gov.cn/xxgk/tzgg_1678/201802/t20180206_2178130.html.

［5］付庆民．广西百色边防官兵学习壮拳　增强搏击实战能力［EB/OL］．（2017-05-09）. http：//www.legaldaily.com.cn/police_and_frontier-defence/content/2017-05/09/content_7144857.htm.